EN SAVOIR PLUS

Histoire des Jeux olympiques

Françoise Inizan
Grand Reporter à L'Équipe-Magazine

HACHETTE
Éducation

Crédits photographiques

Couverture : p. 1 Drapeau olympique © Bongarts/PRESSE-SPORTS ; Jesse Owens © PRESSE-SPORTS ; p. 4 Katarina Witt © AFP.

Ouvertures de parties et folios : pp. 4-5 © Bongarts/PRESSE-SPORTS ; pp. 18-19 © Rochard/PRESSE-SPORTS ; pp. 30-31 Défilé nazi avec drapeaux allemands et olympiques devant la porte de Brandebourg à l'occasion des Jeux olympiques de Berlin, en 1936 © KEYSTONE ; pp. 48-49 Cérémonie d'ouverture des Jeux olympiques de Barcelone en 1992 © AFP ; pp. 72-73 Cérémonie d'ouverture des Jeux de Lillehammer en 1994 © PRESSE-SPORTS.

Pages intérieures : p. 6 © Pahud/CIO ; p. 7 © Yann Arthus-Bertrand/ALTITUDE ; p. 8 Musée du Louvre © G. DAGLI ORTI ; p. 9 British Museum, Londres © EDIMEDIA ; p. 10 © PRESSE-SPORTS ; p. 11 © Laget/PRESSE-SPORTS ; p. 12 © Laget/PRESSE-SPORTS ; p. 13 © Laget/PRESSE-SPORTS ; p. 14 © A.S.L (Actualités suisses Lausanne) ; p. 15 © CIO ; p. 16 © Laget/PRESSE-SPORTS ; p. 17 © Laget/PRESSE-SPORTS ; p. 20 La grande roue © ROGER-VIOLET ; Le tir à la corde © Laget/PRESSE-SPORTS ; p. 21 à gauche : © Laget/PRESSE-SPORTS ; à droite : © CIO ; p. 22 © CIO ; p. 23 © PRESSE-SPORTS ; p. 24 © Laget/PRESSE-SPORTS ; p. 25 © PRESSE-SPORTS ; p. 26 © PRESSE-SPORTS ; p. 27 à gauche : © KEYSTONE ; à droite : © PRESSE-SPORTS ; p. 28 © PRESSE-SPORTS ; p. 29 © PRESSE-SPORTS ; p. 32 en haut : © ROGER-VIOLLET ; en bas : © KEYSTONE ; p. 33 © PRESSE-SPORTS ; p. 34 © KEYSTONE ; p. 35 © PRESSE-SPORTS ; p. 36 © KEYSTONE ; p. 37 © PRESSE-SPORTS ; p. 38 © CIO ; p. 39 © PRESSE-SPORTS ; p. 40 © PRESSE-SPORTS ; p. 41 © PRESSE-SPORTS ; p. 42 © PRESSE-SPORTS ; p. 43 © PRESSE-SPORTS ; p. 44 © PRESSE-SPORTS ; p. 45 © PRESSE-SPORTS ; p. 46 © PRESSE-SPORTS ; p. 47 © PRESSE-SPORTS ; p. 50 © PRESSE-SPORTS ; p. 51 en haut : © PRESSE-SPORTS ; en bas : PRESSE-SPORTS ; p. 52 © PRESSE-SPORTS ; p. 53 © PRESSE-SPORTS ; p. 54 © François Jourdan/ALTITUDE ; p. 55 © PRESSE-SPORTS ; p. 56 © PRESSE-SPORTS ; p. 57 © PRESSE-SPORTS ; p. 58 © PRESSE-SPORTS ; p. 59 © PRESSE-SPORTS ; p. 60 © PRESSE-SPORTS ; p. 61 © PRESSE-SPORTS ; p. 62 © PRESSE-SPORTS ; p. 63 en haut : © PRESSE-SPORTS ; en bas : © PRESSE-SPORTS ; p. 64 © PRESSE-SPORTS ; p. 65 © AFP ; p. 66 © PRESSE-SPORTS ; p. 67 © AFP ; p. 68 © AFP ; p. 69 © AFP ; p. 70 © AFP ; p. 71 © PRESSE-SPORTS ; p. 74 © PRESSE-SPORTS ; p. 75 © PRESSE-SPORTS ; p. 76 © PRESSE-SPORTS ; p. 77 © KEYSTONE ; p. 78 © PRESSE-SPORTS ; p. 79 © PRESSE-SPORTS ; p. 81 les deux photos : © PRESSE-SPORTS ; p. 82 © PRESSE-SPORTS ; p. 83 © Van Parys/PRESSE-SPORTS ; p. 84 © PRESSE-SPORTS ; p. 85 en haut © AFP ; en bas : © PRESSE-SPORTS ; p. 86 © Atelier Pierre Novat, 69160 Tassin ; p. 87 © PRESSE-SPORTS ; p. 88 en haut © Kharbine-Tapabor/DARGAUD, 1968 ; en bas : Deschamps/PRESSE-SPORTS ; p. 89 © C. Abad/PRESSE-SPORTS ; p. 90 © AFP ; p.91 © PRESSE-SPORTS.

Couverture (conception-réalisation) : Jérôme Faucheux.
Intérieur (conception-maquette) : Marie-Christine Carini.

Réalisation P.A.O. : Médiamax.

I.S.B.N. : 2-01-16-6982-0

SOMMAIRE

L'IDÉAL OLYMPIQUE

La Grèce antique

Le baron Pierre de Coubertin

Les premiers Jeux de 1896

LA FLAMME
Pendant les Jeux antiques, un feu brûlait sur l'autel de la déesse Héra. En souvenir, une flamme est solennellement allumée tous les quatre ans sur les ruines d'Olympie.

L'idéal de paix et de beauté

On ne connaît pas précisément la date des premiers Jeux olympiques, mais l'inauguration d'un palmarès, en 776 av. J.-C., marque officiellement le début de la chronologie olympique grecque. On ne connaît pas non plus leur origine, et probablement ne sait-on pas quel chemin ils emprunteront dans le futur. Mais, à la veille du centième anniversaire de leur renaissance, fêté à Atlanta, ils perdurent toujours. Mieux, ils sont devenus l'un des événements majeurs de l'actualité, preuve que l'idéal grec avait un sens.

C'est sur le site paisible d'Olympie, ville des dieux nichée au pied de collines plantées d'oliviers, que la Grèce organisait, dans l'Antiquité, ses Jeux quadriennaux*. Tous les quatre ans donc, les Jeux rassemblaient les meilleurs athlètes du monde hellénique venus de toutes les rives de la Méditerranée. C'était une fête populaire et grandiose, exclusivement masculine, qui célébrait, en même temps que l'idéal de la beauté athlétique des hommes, celui de la paix.

En effet, pendant ces compétitions, une trêve était décrétée : les Grecs, en luttes continuelles pour conquérir de nouveaux territoires, déposaient les armes pour venir applaudir leurs athlètes et honorer les dieux. Ces Jeux, qui rendaient hommage à la fraternité, servaient donc aussi à consolider l'unité morale et ethnique du peuple grec.

Le stade

Le « stade » était le nom donné à la mesure grecque de l'époque qui était de 192,27 m, soit six cents fois la longueur du pied d'Héraclès dont la légende dit qu'il fut le père des Jeux. L'enceinte du stade pouvait contenir 40 000 à 60 000 spectateurs et comportait une piste de sable. Elle était située près de l'*Altis*, l'enclos sacré d'Olympie qui abritait des temples comme celui de Zeus, ou bien d'Héra, à l'intérieur duquel on a retrouvé la fameuse statue du sculpteur athénien Praxitèle : *Hermès portant Dionysos enfant*. Un peu plus haut se trouvaient le « gymnase* » pour les sports athlétiques et la « palestre* » pour la lutte.

LE STADE D'OLYMPIE
Sur cette vue aérienne du site d'Olympie aujourd'hui, on distingue la forme allongée du stade en un demi-ovale. Sur la piste en sable, la ligne de départ était un bloc de marbre rainuré, le starting-block* de l'époque.

LE LANCER DU DISQUE
Le dessin qui orne cette coupe, attribué au peintre grec de Cleomelos (ve siècle avant J.-C.), représente l'épreuve du lancer de disque, l'une des plus anciennes et des plus fameuses disciplines des Jeux antiques.

Les athlètes

Seuls les Grecs pouvaient participer aux Jeux ; il ne fallait être ni esclave ni métèque et n'avoir commis aucun crime. La préparation comportait toujours un entraînement de dix mois suivi d'un stage de trente jours dans la ville d'Elis. À Olympie, les athlètes étaient logés dans le « prytanée », l'ancêtre du village olympique. La compétition, échelonnée sur cinq jours, était régie par des règles très strictes : interdiction de tricher et d'user de moyens déshonorants pour gagner. Le vainqueur ne recevait qu'une couronne d'olivier coupée sur l'Arbre sacré, mais de retour chez lui, il était considéré par les habitants de sa ville comme un demi-dieu.

Les sports pratiqués

Au début, seule existait la course du Stade (ou « dromos »). Ensuite, il y eut l'épreuve du double-stade (« diaulique »), proche du 400 m, puis des épreuves plus longues : jusqu'à vingt-quatre stades. Bientôt vint s'ajouter le pentathlon (course, disque, javelot, saut, pugilat). Des courses de chars mouvementées et dangereuses apparurent sur l'hippodrome. Enfin, le pancrace, mélange de boxe et de lutte d'une extrême violence, fut créé.

La fin des Jeux

Au fil des siècles, les Jeux dégénérèrent et l'idéal olympique de pureté laissa la place à l'esprit de lucre, symbole de la décadence de la Grèce : victoires truquées, achats des meilleurs athlètes par les villes (comme pour les footballeurs aujourd'hui), sélections peu fiables... En 394 apr. J.-C, l'empereur chrétien Théodose Ier les interdit, considérant qu'il s'agissait de cérémonies païennes. Un an plus tard, le site d'Olympie fut détruit lors des invasions des Goths, avant de disparaître sous un raz-de-marée. Il ne fut redécouvert qu'à partir de 1829 par des archéologues français et allemands.

Le premier vainqueur des Jeux s'appelle Koroïbos : ce cafetier remporta l'épreuve du Stade en 776 av. J.-C., et fut le premier « Olympionique ». Mais le grand champion de l'Antiquité reste Milon de Crotone. Véritable réincarnation de Hercule, cet athlète de pancrace obtint six victoires olympiques consécutives. À la fin des Jeux, l'Empereur Néron participa lui aussi à l'épreuve de char qu'il remporta facilement : ses concurrents s'étaient tous retirés de peur de mourir dans les vingt-quatre heures en cas de victoire !

COMBAT DE LUTTEURS
Scène de lutteurs sur une coupe à boire athénienne. À Olympie, les lutteurs s'enduisaient d'huile avant de combattre.

UN HUMANISTE INFATIGABLE
Le baron Pierre de Coubertin a laissé derrière lui une œuvre écrite considérable : trente-cinq ouvrages dont une *Histoire universelle*, des mémoires, des brochures, des souvenirs, des articles... aujourd'hui oubliés.

Quel visionnaire !

La fête olympique est morte depuis quinze siècles quand Pierre Fredy, baron de Coubertin, décide de faire revivre les Jeux. Bien sûr, le chemin sera long avant d'aboutir à l'événement universel que nous connaissons aujourd'hui, offert tous les quatre ans à une ville choisie par le Comité international olympique (CIO*), retransmis par toutes les télévisions du monde, suivi par des millions de télespectateurs et drainant des sommes d'argent considérables. Mais dès son plus jeune âge, le baron de Coubertin s'est attaché à cet idéal d'un vaste rassemblement fraternel et sportif.

L'IDÉAL DU SPORT
Officialisé en Angleterre en 1841, le jeu de rugby se développa rapidement. Ici, une mêlée à Winchester. Dans les clubs, on cultivait un certain idéal : l'activité physique faisait partie intégrante de l'éducation.

Né à Paris le 1er janvier 1863, au sein d'une famille noble très aisée, le baron devient écrivain et pédagogue. Il porte d'énormes moustaches et se distingue par son originalité. Enfant, il passe ses vacances dans le petit château familial de Mirville, près de Fécamp où il lit et étudie beaucoup. À cette époque, il est profondément marqué par la défaite de 1870 et par l'occupation allemande. La jeunesse aurait dû résister ! De cette période, le baron de Coubertin gardera une préoccupation majeure : l'éducation, parce que l'avenir appartient aux jeunes.

Le modèle anglais

À douze ans, le petit Pierre découvre dans un journal un feuilleton – « Scènes de la vie de collège de Tom Brown en Angleterre » – racontant l'histoire d'un écolier anglais au collège de Rugby. Il s'agit d'un collège particulièrement original puisque les jeunes garçons s'y prennent entièrement en charge et que le rugby y a été inventé.

En lisant les *Notes sur l'Angleterre* d'Hippolyte Taine, et plus spécialement son chapitre sur l'éducation, Pierre de Coubertin a une seconde révélation. Il y redécouvre l'univers des *public schools* et des campus universitaires de Cambridge et d'Oxford où l'on voue un culte au sport. À l'époque déjà, les petits Anglais consacrent leurs après-midi aux jeux de plein air. Enthousiaste, Coubertin publie en 1888 *L'Éducation en Angleterre* et crée un *Comité pour la propagation des exercices physiques dans l'éducation*.

SPORTIF ACCOMPLI
Pierre de Coubertin ne se contenta pas d'idéaliser le sport. Il le pratiqua beaucoup : il montait parfaitement à cheval, boxait, faisait de l'escrime*, de l'aviron, jouait au tennis et s'essaya le premier à la bicyclette à moteur.

Huit ans plus tard, le baron décide de visite l'Angleterre qui l'a fait rêver, et séjourne à Rugby. s'enthousiasme pour cet esprit simple, cultiv autour du sport : en France, le sport connaît certe un certain engouement mais il est encore réserv aux privilégiés comme ce *Racing Club de Franc* fondé à Paris par les élèves du lycée Condorce Alors, le jeune baron rêve en secret : et s'il relança les Jeux olympiques ? « Les Allemands ont mis jour les ruines d'Olympie, écrit-il en 1892. Nous nous devons en reconstituer les splendeurs. »

Pierre de Coubertin emprunte à un ami pédagogue, le père Henri Didon, une devise latine que ce dernier a fait broder sur les maillots du club de sport dont il s'occupe à Arcueil : « *Citius, altius, fortius* » (en latin : plus vite, plus haut, plus fort). La célèbre devise deviendra celle du Comité international olympique (CIO*).

Les Jeux renaissent !

Pierre de Coubertin se heurte au scepticisme, mai il n'abandonne pas son projet : le 16 juin 1894, organise dans le grand amphithéâtre de la célèb université de la Sorbonne, le premier « Congrè international pour le rétablissement des Jeu lympiques ». Il y réunit des représentants de vingt ays étrangers, et lorsque retentit l'hymne à Apolɔn retrouvé à Delphes et mis en musique par ;abriel Fauré, la salle frémit d'émotion. Il se passe éritablement quelque chose de particulier… une lée géniale est en train de renaître. Au soir du 23 ıin, la joie est grande : le Comité proclame le rétalissement officiel des Jeux olympiques. Coubertin 'enthousiasme : il a trente et un ans et vient de agner son pari. « Ce soir, l'électricité a transmis artout la nouvelle que l'olympisme hellénique tait rentré dans le monde après une éclipse de plueurs siècles », s'exclame-t-il. Aussitôt, il constitue : premier Comité international olympique, qu'il résidera ultérieurement. Il est décidé que les preniers Jeux s'ouvriront en Grèce, en 1896.

Le Comité international olympique (CIO*) est chargé du contrôle et du développement des Jeux. Il est basé à Lausanne, en Suisse, et présidé par l'un de ses membres, élu pour un mandat de huit ans, renouvelable. Il travaille en collaboration directe avec les Comités nationaux olympiques (CNO) qui assurent la représentation des athlètes de leur pays, et les Fédérations internationales sportives (FIS). Les langues officielles du CIO sont le français et l'anglais.

La Bicyclette

JOURNAL D'INFORMATIONS VÉLOCIPÉDIQUES

Paraît à Paris le vendredi matin

N° 111 — Vol. 3 | Paris, 15 Juin 1894. | Le N° 10 cent.

ACTUALITÉ

Le Congrès international des jeux olympiques à la Sorbonne.

LES JEUX RENAÎTRONT-ILS ?
La « Une » du journal d'informations vélocipédiques, *La Bicyclette*, annonce l'ouverture à la Sorbonne du « Congrès international pour le rétablissement des Jeux olympiques ».

Les premiers Jeux de 1896

Des débuts difficiles

Les premiers Jeux modernes auront lieu à Athènes du 6 au 15 avril 1896, et l'on ne pouvait trouver meilleur symbole que ce retour aux sources de l'olympisme. Cette fois, les Jeux s'ouvrent aux peuples du monde entier, même si treize pays seulement y sont représentés. Hélas, la Grèce, libérée en 1829 après des siècles de domination turque, est un pays ruiné. Par chance, Georges Averoff, un riche marchand grec d'Égypte, fait cadeau à son pays d'un million de drachmes d'or. Aussitôt, on construit un stade en marbre blanc, semblable à celui de l'ancienne Athènes.

OUVERTURE DES JEUX À ATHÈNES
Une foule immense et enthousiaste s'est rassemblée dans les tribunes autour des virages serrés et le long des lignes droites de 192,27 m, la mesure traditionnelle du stade.

COMBAT D'ESCRIME
Lors des premiers Jeux, les maîtres d'escrime*, professionnels, avaient été autorisés à tirer. Plus tard, le Comité international olympique n'autorisera les assauts qu'entre amateurs.

Le jour de l'ouverture, 50 000 spectateurs se pressent dans les gradins autour du roi Georges Ier. Le baron de Coubertin se tient droit et fier dans la tribune. Son rêve se réalise : 311 athlètes défilent sur la piste. Certains, comme les Américains, ont fait un très long voyage en bateau pour participer. Composé par Samara, l'hymne olympique est joué pour la première fois : en 1957, il deviendra l'hymne officiel de tous les Jeux.

Les premiers vainqueurs

Neuf sports sont recensés, répartis en quarante-trois épreuves. Comme à Olympie, on y trouve l'athlétisme, l'haltérophilie*, la lutte, la gymnastique, mais aussi de nouveaux sports comme la natation disputée au port de Phalère, le tir, le cyclisme, l'escrime* ou les sports nautiques qui ont dû cependant être annulés en raison du mauvais temps.

LE DÉPART DU 100 M
Deuxième à gauche sur la photo, Thomas Burke qui remporta le 100 m et le 400 m, inventa le départ mains au sol. En 1896, sa position suscita les rires. Pourtant celle de son voisin, en appui sur des bâtonnets, était bien plus originale.

Les premières épreuves sont les éliminatoires du 100 m, comme le veut, aujourd'hui encore, la tradition. Mais le premier vainqueur des Jeux est celui du triple saut : l'Américain James Connolly. Étudiant à Harvard, il est venu sans autorisation de son université et a gagné avec un bond à 13,71 m. Un saut de puce si on le compare au record* du monde actuel à plus de 18 m ! Malgré les contre-performances dues au mauvais état de la piste en sable, les États-Unis marquent déjà leur suprématie qui durera jusqu'à aujourd'hui : Thomas Burke remporte le 100 m avec un étrange départ qui choque les spectateurs – accroupi, les mains au sol, une attitude bien banale à présent –, et Hoyt franchit 3,30 m à la perche, loin des 6 m de Sergueï Bubka aujourd'hui ! Pour les Français, une consolation : Gravelotte remporte, en escrime*, une très belle victoire.

Le marathon

Les Grecs n'ont pas été brillants : pour sauver l'honneur, ils doivent au moins remporter le marathon*, la nouvelle discipline disputée entre Athènes et le village de Marathon. Cette épreuve a été inspirée par la course légendaire du jeune Philippides, mort d'épuisement après avoir couru huit lieues, soit quarante kilomètres, entre Marathon et Athènes, pour annoncer aux Grecs leur victoire sur les Perses (en 490 av. J.-C.). Toute la Grèce retient son souffle. Le riche Averoff a promis la main de sa fille au vainqueur. Miracle : Spiridon Louys, un porteur d'eau grec de vingt-et-un ans, entraîné à marcher longuement parmi les oliviers, débouche en tête et gagne. Louys deviendra un héros en Grèce et le marathon, l'une des plus belles et intenses courses des Jeux.

Le marathon* est né de l'idée d'un fervent helléniste français, Michel Bréal, de commémorer le souvenir de Philippides. Louys remporta la première édition (40 km seulement) en 2 heures 58 secondes. Aujourd'hui, le record du monde, qui est établi sur la distance officielle de 42,195 km, est de 2 heures 06 secondes 50/100.

SPIRIDON LOUYS
Vainqueur du marathon*, Louys n'était pourtant pas un « véritable » athlète : comme beaucoup de participants, il n'appartenait à aucun club et ne s'était jamais entraîné sur la distance.

LE RENOUVEAU

Entre foire
et kermesse
(1900-1904)

La trêve antique
n'existe plus
(1908-1920)

Les premiers
Jeux industriels
(1924-1932)

Entre foire et kermesse (1900-1904)

Le cirque à Paris

JEUX EN DANGER
Tir à la corde au bois de Boulogne, fête foraine à la tour Eiffel... Coubertin s'écrie : « C'est un miracle que l'olympisme ait pu survivre ! »

À peine relancés, les Jeux s'égarent à Paris. De mai à octobre 1900, ils se déroulent pendant l'Exposition universelle et sont plus proches du cirque que du sport : on y trouve des compétitions de jeux de boule, de cerfs-volants, l'escrime au stand de la coutellerie... La natation, disputée à Asnières, offre des épreuves fantasques comme ce 200 m au cours duquel les nageurs doivent passer dans des tonneaux ! La Seine est même si boueuse que l'on distingue à peine les concurrents.

Les Jeux sont dénaturés et leurs palmarès très vagues. Seul l'athlétisme, au milieu de la confusion générale, avec des épreuves regroupées sur quinze jours dans le bois de Boulogne, conserve son identité. Les Américains, issus des deux grandes universités de Yale et Harvard, s'imposent très largement : dix-sept médailles sur vingt-trois. C'est, malgré tout, un petit jardinier du *Racing Club de France*, Michel Théato, qui remporte le marathon* : il devient le premier champion olympique français d'athlétisme.

Le ridicule à Saint-Louis

Les IIIe Jeux olympiques ouverts à Saint-Louis, aux États-Unis, en juillet 1904, ne rachètent pas ceux de Paris. Onze nations seulement y participent. Organisés dans le cadre d'une « Foire internationale » qui célèbre le centenaire de l'achat de la Louisiane à la France – mais aucun athlète français n'est présent –, ils sont, là encore, dominés par les Américains.

Avec un très mauvais goût, Saint-Louis organise aussi des « journées anthropologiques » réservées aux Indiens sioux, aux Pygmés, à diverses minorités. Considérés comme des « sauvages », on les fait participer à des épreuves absurdes. Que sont devenus l'esprit sportif et la rigueur morale qui symbolisaient cette manifestation ? L'olympisme est-il mort ? Coubertin est décidé à se battre : « Notre tâche est loin d'être terminée. »

ARCHIE HAHN
En marge des Jeux de 1904, les femmes sont autorisées à boxer (ci-dessus, à gauche). Mais le vrai héros de Saint-Louis s'appelle Archie Hahn (ci-dessus, à droite). Cet étudiant américain a remporté le 60 m, le 100 m et le 200 m sans virage dans un temps remarquable.

Déçus par les Jeux de Saint-Louis, les Grecs proposèrent des contre-Jeux : ils souhaitaient que la fête ait lieu à Athènes tous les quatre ans. Ainsi, des Jeux furent organisés à Athènes, en 1906, sans l'accord de Pierre de Coubertin. Sans suite, ils se révélèrent néanmoins d'un excellent niveau.

La trêve antique n'existe plus (1908-1920)

Londres : retour à la tradition

C'est en 1908, à Londres, alors que se profile déjà la menace d'un conflit, que le roi Édouard VII déclare ouverts les IVe Jeux. Bien qu'ils se déroulent encore une fois dans le cadre d'une exposition, tout est plus sérieux : vingt-deux nations, 2 600 athlètes, soit dix fois plus qu'à Athènes en 1896. Les Jeux retrouvent enfin un sens. Le stade est comble avec 70 000 spectateurs. Étonnante, cette piscine de 100 m de long creusée en son centre !

Certes, il y a bien encore des problèmes d'équité en cyclisme où les Français sont injustement disqualifiés, en athlétisme où les Américains boycottent le 400 m. Ou encore sur le marathon*, où le petit pâtissier italien Dorando Pietri perd la première place : il est disqualifié pour avoir été aidé dans les derniers mètres, alors qu'il était exténué. Pourtant 250 000 spectateurs en avaient fait leur héros tout au long du parcours.

PIETRI, HÉROS MALHEUREUX
L'excitation des passions sportives déclenchée par certaines épreuves à Londres, en 1948, contribua au renom de la fête olympique. Ainsi la légende des Jeux modernes a véritablement commencé avec cette arrivée pathétique de Dorando Pietri au marathon* de Londres.

JEAN BOUIN, LE FAVORI VAINCU
Le Français Jean Bouin, en grande forme, avait amélioré le record* du monde du 5 000 m en série* des Jeux de Stockholm. En finale, il s'inclinera de peu, ci-dessus, derrière le Finlandais Hannes Kolehmainen.

Ces conflits ont amené l'évêque de Pennsylvanie à sermoner, depuis la chaire de la cathédrale Saint-Paul : « L'important est moins de gagner que de participer ! » Cette phrase sera reprise par le baron Pierre de Coubertin et deviendra très célèbre.

Inquiétudes à Stockholm

Lorsqu'un autre roi, Gustave V de Suède, ouvre les Jeux olympiques de Stockholm, en 1912, l'Europe est inquiète. Elle se prépare à des jours sombres, prémices d'une guerre à venir. Mais dans le stade magnifique, les épreuves d'athlétisme font oublier pour un moment les tensions. D'emblée, le 5 000 m est un morceau de choix. Sur cette distance, le grand favori est le Français Jean Bouin, un petit moustachu de vingt-quatre ans, originaire de Marseille, déjà recordman du monde de la distance supérieure, le 10 000 m. Mais il n'inspire aucune crainte au Finlandais Kolehmainen, sacré champion olympique du 10 000 m deux jours plus tôt, et qui bat le Français au sprint final. Nouveau record* du monde : le demi-fond* a fait un pas de géant.

Fidèle à l'idéal antique, Pierre de Coubertin souhaitait que les arts soient représentés aux Jeux olympiques. En 1912, des concours artistiques furent créés pour récompenser écrivains, musiciens, architectes ou poètes. En 1924, l'écrivain Montherlant et le peintre Foujita manifestèrent leur déception de ne pas être médaillés. Ces concours disparurent par la suite.

LE « CRAWL » DE KAHANAMOKU
En 1912, Paoa « Duke » Kahanamoku, descendant d'un chef d'Hawaï, triomphe dans le 100 m. Ce jeune Américain a inventé une nouvelle technique de nage : le « crawl », qui signifie « ramper ». Premier nageur moderne, il règnera dix ans sur la natation et sera encore champion olympique en 1920.

Jim Thorpe fut le premier athlète déclassé pour avoir contrevenu aux règles de l'amateurisme. Il perdit ses records et ses médailles. Ce n'est que vingt-neuf ans après sa mort, en 1982, qu'il fut réhabilité. À sa suite, d'autres sportifs célèbres (El Ouafi, Ladoumègue, Nurmi, Schranz...) ont fait les frais de cette contradiction entre l'argent et les principes de l'amateurisme : le CIO* ne voulait pas la résoudre alors qu'elle était le problème majeur des Jeux.

Il en est de même pour le décathlon* remporté par l'Américain Richard « Jim » Thorpe. Cet Indien trapu, au visage large, et dont le nom véritable, Wa-Tho Huck, signifie « sentier brillant », sera le premier athlète complet. Pourtant, ayant joué au base-ball dans une équipe professionnelle, ce qui est interdit par la Charte* olympique, il sera disqualifié six mois plus tard par le CIO*.

Anvers : l'hommage aux morts

En cette fin de mois d'août 1920, il pleut sur la Belgique. Comme si l'Europe tout entière n'en finissait pas de pleurer la guerre. La trêve antique n'a pas survécu : les Jeux de 1916 n'ont pas eu lieu. Et s'ils renaissent à Anvers, c'est dans une ville détruite et ravagée par les problèmes économiques. À l'ouverture, une minute de silence est dédiée à tous les athlètes morts au combat, dont Jean Bouin, disparu dans les tranchées à l'âge de vingt-six ans.

Triste souvenir : à nouveau, le 5 000 m est l'épreuve attendue, car le Finlandais Paavo Nurmi paraît imbattable. Ce coureur au physique glacial, aux pommettes saillantes, se porte en tête, sûr de sa supériorité, quand surgit un tout petit Français de vingt ans, Joseph Guillemot, à la réputation de « tête de cochon » – qu'il fera d'ailleurs broder sur ses maillots – et qui... le bat au dernier virage. Le lendemain, alors que Guillemot savoure tranquillement sa victoire dans un grand restaurant, on vient le chercher en catastrophe : la finale du 10 000 m a été avancée. Il doit courir dans un quart d'heure ! L'estomac trop lourd, il termine cette fois deuxième, derrière Nurmi, mais il deviendra la coqueluche des Jeux et l'un de nos grands coureurs de fond*.

Le drapeau olympique, signe de fraternité, est hissé pour la première fois sur le stade. Constitué de cinq anneaux entrelacés, il symbolise les cinq parties du monde désormais acquises à l'olympisme.

SURPRISE SUR LE 5 000 M
Victoire inattendue du Français Joseph Guillemot face au Finlandais Paavo Nurmi, chantre du fond* finlandais, ici encore en tête. Kolehmainen est devenu lui, champion olympique de marathon*.

Les premiers Jeux industriels (1924-1932)

LE SERMENT DE GÉO ANDRÉ
L'athlète Géo André prononce le serment olympique à Colombes. Un symbolisme chanté avec une exaltation chauvine par des écrivains, tel Montherlant, qui écrira *Les Olympiques*, et défiguré par la violence de la finale de rugby entre la France et les États-Unis.

Paris : « la Belle Époque »

Paris s'amuse, écoute du jazz, danse, et la banlieu de Colombes où se déroulent les VIIIe Jeux, e 1924, est devenue soudain à la mode. Les Alle mands ne sont toujours pas présents mais Paav Nurmi est toujours le plus fort : vingt minute après avoir remporté le 1 500 m, le Finlandai gagne le 5 000 m, puis décroche la médaille d'or dan le cross-country*, le cross par équipe et le 3 000 r par équipe, trois épreuves aujourd'hui disparues Cinq titres ? Oui, mais Nurmi est décidément tro

Le serment olympique, prononcé pour la première fois à Anvers en 1920, l'est généralement par un athlète reconnu du pays-hôte : « Nous jurons que nous nous présentons aux Jeux olympiques en concurrents loyaux, respectueux des règlements qui les régissent et désireux d'y participer dans un esprit chevaleresque, pour l'honneur de nos pays et la gloire du sport. »

froid et calculateur. Alors Paris s'entiche d'un beau nageur brun de vingt ans, un sportif grand et fort, un peu timide ; Johnny Weissmuller a remporté trois médailles d'or, sur 100 m – distance sur laquelle il sera le premier homme à nager en moins d'une minute –, sur 400 m et au relais. Il deviendra l'un des plus grands nageurs de l'histoire : de nouveau double champion olympique en 1928, il battra cinquante et un records* du monde et sera sacré cinquante-sept fois champion des États-Unis. Et puis surtout, il se fera connaître en tant qu'acteur de cinéma à Hollywood en 1932 : il sera le célèbre Tarzan !

JOHNNY WEISSMULLER
Trois médailles d'or et une de bronze avec l'équipe américaine de water-polo : celui qui sera Tarzan au cinéma est le nageur le plus accompli de son époque.

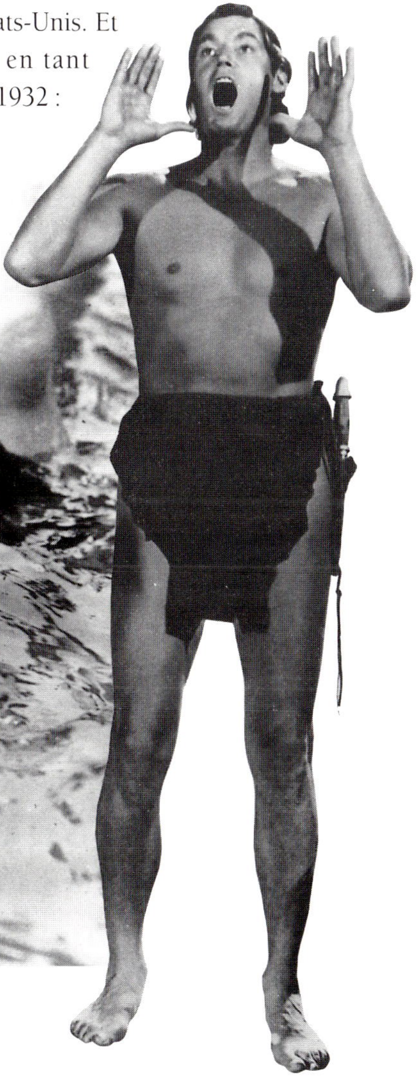

La flamme olympique fut allumée pour la première fois à Olympie, en 1928, puis acheminée vers Amsterdam par des relais à travers l'Europe. Désormais, elle brûle pendant les Jeux, dans une vasque qui domine le stade.

Les femmes à la conquête d'Amsterdam

À Amsterdam, en 1928, de très importantes délégations font leur apparition, comme l'équipe des États-Unis, amenée telle un commando par le général MacArthur : quel symbole de la croissance des Jeux, enrichis de surcroît par le retour des Allemands dans le bercail olympique ! Mais surtout, les femmes sont enfin autorisées à participer à cinq épreuves d'athlétisme alors que le baron de Coubertin y était farouchement opposé : il les trouvait ridicules en tenue de sport. Misogyne, Pierre de Coubertin n'aura pu résister à l'émancipation féminine née pendant la guerre. D'ailleurs, fatigué, il s'est retiré à Lausanne, en Suisse, et n'applaudira pas au sacre de Paavo Nurmi, de nouveau médaille d'or, ni à celui d'El Ouafi, un ouvrier français de chez Renault, vainqueur du marathon*.

LA PREMIÈRE SUR LE 100 M
Jusque-là, les femmes n'avaient été admises aux Jeux qu'en natation ou, par exemple, au tennis en 1920, épreuve remportée par la Française Suzanne Lenglen. En 1928, l'athlétisme les accueille : ici l'Américaine Betty Robinson (au centre) devient la première championne olympique du 100 m.

Le gigantisme de Los Angeles

À Los Angeles, sur la côte Ouest des États-Unis, les jeux prennent soudain une autre dimension : déjà, tout y apparaît gigantesque et l'argent y fait son entrée malgré la crise économique que traverse le monde. On vit entre la prohibition et le glamour des studios de cinéma voisins : Hollywood. La cérémonie d'ouverture le 30 juillet 1932 n'échappe pas au grandiose : cent cinq chanteurs, trois cents musiciens, des flonflons, des drapeaux ! Le stade géant de 105 000 places, appelé le *Coliseum*, est comble. Pour loger les sélectionnés, les Américains ont créé le « village des athlètes » sur lequel veillent des cow-boys tandis que les dames dorment à l'hôtel ; ces dames qui gagnent, cette année-là, leur véritable place dans le mouvement olympique, à l'image de Babe Didrickson, une Texane de dix-huit ans, double médaillée d'or (au javelot et au 80 m haies). Tout cela n'empêche pas les Japonais d'infliger aux Américains une lourde défaite en natation : sur sept épreuves, ils en gagnent six. En athlétisme, les sprinteurs américains prennent leur revanche avec Eddie Tolan et le grand Ralph Metcalfe surnommé « Midnight Express » pour ses retours fulgurants sur le 100 m.

LA FÊTE DE WALT DISNEY
La cérémonie d'ouverture de Los Angeles innove. Imaginée par Walt Disney – comme celle des Jeux d'hiver de 1960 –, elle perd pour la première fois de sa rigidité solennelle. Ce sera la spontanéité et la gaieté !

Les Jeux de Los Angeles ouvrent une ère nouvelle : pour vaincre, le sport exige désormais des investissements importants, des moyens financiers, des équipements, des entraîneurs nombreux. Même la technique évolue : le chronométrage au 1/100e de seconde, relié au pistolet et au film d'arrivée, est inventé par G. T. Kirby, un génial bricoleur de Hollywood.

MENACES SUR LES JEUX

L'ombre nazie
(1936-1948)

Tension
sur les stades
(1952-1964)

Mexico et le
« Black Power »
(1968)

L'ombre nazie (1936-1948)

Les terribles Jeux de Berlin

Soudain, le Führer s'est levé de sa loge, en colère. Il y a là un jeune Américain de vingt-trois ans, un noir surdoué de l'Alabama qui s'obstine à vouloir battre Lutz Long, le meilleur sauteur en longueur allemand. Il s'appelle Jesse Owens, il est champion olympique du 100 m depuis quelques jours. Cette fois, il se tient en bout de sautoir. Le Führer s'agite aux côtés de Goering, de Goebbels, des officiers nazis. Trois ans après être devenu le maître du Reich, Adolf Hitler a proclamé ouverts, le 2 août 1936, les Jeux olympiques de Berlin dans le stade gigantesque de 100 000 places. Aux côtés des drapeaux olympiques, flottent ceux à la croix gamée du IIIe Reich. Ces Jeux doivent sacrer l'Allemagne nazie. Mais décidément, ce gamin noir le nargue au dernier essai, Owens franchit 8,06 m. Long est battu. Owens vient de jeter à bas le mythe de la suprématie aryenne.

LA GLOIRE NAZIE Hitler félicite ses athlètes. Sur le podium du 100 m nage libre, l'Allemande Gisela Arendt, troisième, fait le salut nazi. Des images que le célèbre et controversé film de Leni Riefenstahl, *Olympia, les dieux du stade*, commandé par Hitler, glorifiera avec outrance.

MENACES SUR LES JEUX

Le génie d'Owens

Jesse Owens reste l'homme de ces tristes Jeux. À travers les premières images filmées, qui devaient servir la propagande nazie, le monde entier a découvert ce formidable athlète : il a remporté quatre médailles (100 m, 200 m, longueur et relais avec ses coéquipiers, tous noirs). Il faudra attendre quarante-huit ans pour voir un autre coureur décrocher l'or sur ces quatre disciplines : ce sera Carl Lewis en 1984 à Los Angeles. Hélas, à part Jesse Owens, ces XIe Jeux n'ont été qu'une démonstration de force du nazisme, qui annonce la guerre. Hitler a lancé ses troupes à l'assaut du monde. Et lorsque le drapeau olympique est emporté hors du stade, pendant la cérémonie de clôture, chacun sait bien que c'est la paix que l'on enterre. Les Jeux olympiques de 1940 (prévus à Tokyo) et de 1944 n'auront pas lieu.

JESSE OWENS, ATHLÈTE DU SIÈCLE
Avant les Jeux, Jesse Owens, ici au départ du 200 m, avait déjà battu ou égalé six records* du monde. Un talent phénoménal ! Dixième enfant d'une famille de onze, Jesse passa sa jeunesse à courir dans les champs de coton du grand Sud américain.

MENACES SUR LES JEUX

LA « LOCOMOTIVE » ZATOPEK
Le Tchèque Emil Zatopek sur la plus haute marche du podium du 10 000 m, à Londres. Deuxième : le Français Mimoun. Troisième : le Suédois Albertson. C'est la fin d'un règne : depuis 1912, les courses de demi-fond* et fond* étaient toujours revenues à la Finlande.

La résurrection à Londres

Après la Seconde Guerre mondiale, Londres, image de la Résistance, ne pouvait mieux symboliser la renaissance des Jeux, en 1948. Mais la capitale anglaise est ruinée : faute de moyens, on a logé les athlètes dans les casernes de l'armée de l'air, la fameuse *Royal Air Force*. Pourtant, derrière son roi George VI, le pays se passionne pour l'événement, fidèle à un certain idéal du sport. Après tout, le

›aron de Coubertin n'avait-il pas puisé son inspi-
ation en terre britannique ? Mais le baron est mort
. Genève, en 1937, avant la guerre. Une guerre
lont on pleure à nouveau les morts : ceux de l'autre
:ôté aussi, comme Lutz Long tombé sous les
nitraillettes... Les vaincus, Allemands et Japonais
ıe sont pas là. Ni les Russes, encore isolés. Mais les
eux renaissent une seconde fois, comme en 1920 à
ınvers, et avec eux le sport.

On découvre un nouveau prodige qu'on appel-
era la « locomotive humaine » sans se douter qu'il
leviendra bientôt l'un des meilleurs coureurs de
'histoire : c'est un Tchèque au large sourire ; il
'appelle Emil Zatopek et remporte le 10 000 m
- devant Alain Mimoun, un maigre Français alors
nconnu, un garçon de café originaire d'Algérie –
›uis empoche la médaille d'argent du 5 000 m.

Mis à l'écart pour avoir trop défendu les Jeux de Berlin, presque ruiné, le baron de Coubertin meurt à 74 ans d'une crise cardiaque. Quelques jours plus tard, selon sa volonté, son corps est incinéré et son cœur transporté à Olympie où il repose sous une simple stèle élevée à sa mémoire.

MADAME BLANKERS-KOEN
À trente ans, mère de trois enfants, Fanny Blankers-Koen, que l'on surnomme la « Hollandaise volante », réussit en 1948 un exploit semblable à celui d'Owens : elle remporte le 100 m, le 200 m, le 80 m haies et le relais 4 x 100 m.

MENACES
SUR LES JEUX

Tension sur les stades (1952-1964)

Malgré la guerre froide, Helsinki célèbre la fraternité

AMITIÉ SPORTIVE
Le 5 000 m d'Helsinki, riche en rebondissements, reste l'une des plus belles courses de l'histoire des Jeux olympiques : ici à gauche, la joie du vainqueur Emil Zatopek dans les bras du Français Alain Mimoun, arrivé deuxième.

Helsinki ! Au moins la ville paisible au bord de l: Baltique offrira-t-elle en juillet 1952 un lieu de pai: dans ce monde plongé dans la guerre froide. Le Russes, devenus Soviétiques, pour la première foi depuis 1912, participent à nouveau aux Jeux. L Japon et l'Allemagne aussi. Et le nombre de partici pants est un record : 5 867 athlètes, soixante-neu pays présents. Mais sur les stades, la tension es extrême. Entre blocs de l'Est et blocs de l'Ouest, l:

utte pour la suprématie mondiale est en jeu car, à ravers le sport, ce sont les idéologies qui s'affron-ent. Helsinki, l'espoir ! Malgré la grisaille du emps, les Jeux montrent que la fraternité peut xister au-delà des nationalités : sur la piste d'élan, n voit le sauteur à la perche américain, le révérend ob Richards, prodiguer des conseils à ses rivaux 'URSS.

On voit aussi Alain Mimoun, médaillé d'argent, omber dans les bras de son grand rival, le Tchèque mil Zatopek toujours là, même visage aux élèbres grimaces et… encore une fois vainqueur u 10 000 m. Zatopek ajoutera deux médailles d'or son exceptionnel palmarès, celles du 5 000 m et u marathon*. Et pour parfaire son bonheur, sa eune épouse Dana a remporté l'or au lancer du avelot.

LE PLONGEON DE PAPA BOITEUX
Un autre moment joyeux à Helsinki. Papa Boiteux dont le fils Jean vient de remporter le 400 m, devenant ainsi le premier champion olympique français de natation, s'est jeté à l'eau pour l'embrasser ! La photo a fait le tour du monde.

MENACES SUR LES JEUX

CUTHBERT, L'IDOLE D'AUSTRALIE
Pratiquement inconnue avant les Jeux, la blonde Betty Cuthbert est vite devenue l'égérie des spectateurs australiens en remportant à Melbourne le 200 m, le 100 m et le relais 4 x 100 m (ici, le 200 m).

L'affrontement à Melbourne

Les Jeux de 1956 qui s'ouvrent à l'extrêmité d globe, à Melbourne en Australie, et qui se dérouler pour la première fois de l'histoire en hiver, sont l reflet du profond malaise qui règne dans le mond Jamais depuis la Seconde Guerre mondiale le relations entre pays n'ont été aussi tendues. Su le stade, les Soviétiques défilent dans un silenc pesant : deux semaines plus tôt, les troupes sovi tiques ont envahi la Hongrie. Inévitablement, tou affrontement avec l'URSS tourne au drame comm ce match de water-polo* URSS-Hongrie qui dég nère de façon sanglante, ou comme ce podium d gymnastique sur lequel la jeune Hongroise Agne Keleti, les larmes aux yeux, serre la main de l seconde, la Russe Latynina, alors qu'elle vien d'apprendre le décès de sa mère, tuée dans u combat de rue à Budapest.

Si les Jeux de Melbourne ont débuté dans la crise, ils se terminent dans la gaieté. La cérémonie de clôture est la fête des athlètes et de la jeunesse. Pas d'emblème, pas de drapeaux, les équipes se mélangent spontanément sur la piste. Désormais, les cérémonies de fin de Jeux emprunteront à l'Australie toute sa bonne humeur.

Le sport reprend ses droits

L'institution olympique tremble : le sport ne peut-il dépasser les conflits étatiques ? Avery Brundage, le président du CIO*, l'a réaffirmé : « Les Jeux olympiques sont des compétitions entre individus, pas entre nations. » Alors, place au chronomètre : en remportant trois médailles d'or en sprint*, Betty « Baby » Cuthbert, une blonde australienne de dix-huit ans, fait chavirer de bonheur son pays. En natation, les Australiens toujours, avec Murray Rose et Dawn Fraser, remportent toutes les compétitions. Et puis sur le marathon*, nous retrouvons Alain Mimoun. La veille de l'épreuve, il a reçu un télégramme lui annonçant la naissance de son premier enfant, une fille, qu'il prénommera Olympe, car il a enfin obtenu la médaille d'or. Une sacrée revanche pour un petit bonhomme qu'on avait dit sans qualité ni avenir.

LE SACRE DE D'ORIOLA
Le fleurettiste Christian d'Oriola décroche sa quatrième médaille d'or, huit ans après son premier titre par équipe à Londres. Il reste le Français le plus titré, neuf fois champion du monde et six fois médaillé aux Jeux. Son cousin aussi est célèbre : Pierre Jonquères d'Oriola, champion olympique d'équitation (saut d'obstacles) en 1952 et 1964.

L'apaisement à Rome

Malgré les temps difficiles de la décolonisation de l'Afrique et le durcissement du dialogue entre les États-Unis et l'URSS, Rome offre la quiétude en cette fin d'août 1960. La veille de l'ouverture, le Pape Jean XXIII a béni les 5 396 athlètes – toujours plus nombreux – rassemblés sur la place Saint-Pierre. Le village olympique vibre dans une ambiance de « dolce vita » : on danse, on badine, on découvre le rock and roll au son des juke-box américains. Les Italiens sont à la fête : Livio Berruti sur 200 m – caché derrière ses petites lunettes noires –, Benvenuti en boxe, chez les mi-moyens, et leurs cyclistes ont été brillants. Par contre, la

ABEBE BIKILA, PREMIER AFRICAIN
En 1960, l'Éthiopien Abebe Bikila signe la première victoire d'un Africain aux Jeux en remportant le marathon* sous l'arc de triomphe de Constantin, là où trente ans plus tôt, Mussolini décida l'Italie fasciste à envahir l'Éthiopie. Un symbole !

France fait grise mine : pas une seule médaille d'or. Seuls Michel Jazy, deuxième du 1 500 m derrière l'Australien Herbert Elliot, nouveau détenteur du record* du monde, et Abdoulaye Seye, troisième du 200 m, se sont distingués en athlétisme.

La belle et la bête

Si l'Europe s'octroie le 100 m pour la première fois depuis 1934, grâce au sprinteur allemand Armin Hary, si l'Afrique remporte sur le marathon* sa première médaille d'or de l'histoire grâce à un coureur éthiopien aux pieds nus, Abebe Bikila, l'Amérique se découvre deux stars : un jeune boxeur de dix-huit ans, Cassius Clay, impressionnant de force, vainqueur chez les mi-lourds* avant de devenir plus tard le légendaire Muhammad Ali ; et une jeune femme de vingt ans, Wilma Rudolph, surnommée la « Gazelle noire » en raison de son corps longiligne, vainqueur des trois épreuves de sprint* : le 100 m, le 200 m et le relais 4 x 100 m.

WILMA RUDOLPH
Née dans un ghetto, au sein d'une famille de dix-neuf enfants, Wilma Rudolph contracta jeune la poliomyélite. Pour se rééduquer, elle pratiqua l'athlétisme.

MENACES
SUR LES JEUX

L'Asie s'ouvre aux Jeux

Nous sommes en 1964. Pour la première fois, les Jeux se déroulent en Asie, à Tokyo. C'est l'occasion pour le Japon de se racheter une conduite internationale alors qu'il est déjà une forte puissance économique et commerciale. Les vainqueurs sont encore les Américains malgré la présence plus massive de l'Afrique – dix-sept jeunes pays issus de la décolonisation entrent en lice – et la nouvelle victoire de Bikila au marathon*, dans la ville surpolluée, mais cette fois avec des chaussures. Les États-Unis dominent dans toutes les disciplines : fond*, demi-fond*, et sprint* bien sûr. En demi-finale, Bob Hayes devient le premier homme à courir le 100 m sous les 10 secondes (9 secondes 9/10) mais son temps ne sera pas homologué car le vent soufflé au-delà de la limite autorisée des deux mètres par seconde. En finale, il égale le record* du monde avec un temps de 10 secondes.

GEESINK FAIT PLEURER LE JAPON
Instant le plus terrible des Jeux de 1964 : le Hollandais Anton Geesink vient de battre Akio Kaminaga, le dieu du judo, l'idole des Japonais. Soudain, le pays s'écroule sous la tristesse. Le lendemain sera jour de deuil à Tokyo.

L'OURAGAN BOB HAYES
Une musculature impressionnante : 1,83 m pour 86 kg. Rarement, sprinteur aura dégagé autant de force que l'Américain Bob Hayes. On le voit ici sur la plus haute marche du podium du 100 m. Hayes s'est ensuite tourné vers le football américain.

Dawn Fraser réussit le triplé en natation

La France n'a d'yeux que pour sa nageuse Christine « Kiki » Caron, une brunette de seize ans, mignonne et espiègle, qui détient le record mondial du 100 m dos. Hélas, elle est battue en finale par une Américaine. Tout comme le Français Alain Gottvallès vaincu par Don Schollander, un Américain de dix-huit ans qui décrochera quatre autres médailles d'or et sera considéré comme un nageur exceptionnel. L'Australienne Dawn Fraser, quant à elle, réussit l'exploit d'obtenir une troisième médaille (au 100 m nage libre) en trois Jeux. Personne n'a encore jamais accompli une telle performance en natation.

Alors que le monde tremble, que les États-Unis s'opposent à Cuba, que la Chine, en conflit avec l'URSS, s'apprête à faire exploser sa première bombe atomique, les Jeux de Tokyo, silencieux, solennels, célèbrent une vie nouvelle : lors de la cérémonie d'ouverture, Yoshinori Sakaï entre dans le stade en portant la flamme olympique. Ce jeune homme de dix-neuf ans, né à Hiroshima le 6 août 1945, date à laquelle la première bombe atomique fit plus de 100 000 victimes, symbolise une renaissance.

Mexico et le « Black Power » (1968)

BEAMON, L'EXTRA-TERRESTRE
Mexico signe deux évolutions de l'athlétisme : ce saut de Bob Beamon d'abord, que l'on qualifiera « de l'an 2000 » ; et la nouvelle technique de franchissement sur le dos en saut en hauteur inventée par Dick Fosbury (le « Fosbury flop » !)

S'adapter à l'altitude

Octobre 1968. Mexico. Altitude 2 250 m. Effacées les émeutes estudiantines qui ont éclaté un peu partout dans le monde. On ne se préoccupe plus que de savoir comment courir, faire un effort dans l'air raréfié des hauts plateaux mexicains, comment accoutumer les organismes. Les scientifiques ont effectué des calculs. Les équipes se sont entraînées dans des camps haut perchés. Mais si les efforts de longue durée seront pénalisés, le sprint* et les épreuves de détente devraient être favorisés grâce à une meilleure pénétration dans l'air*. Chacun attend de voir ce que l'altitude provoquera : drames ou records*. Ce sont aussi les débuts de la « mondiovison », et les images transmises par satellites sont diffusées aussitôt sur les téléviseurs.

Le saut magique de Beamon

C'est tout d'abord le drame : à peine la moitié des participants du marathon* parviendra à franchir la ligne d'arrivée. Puis, le 18 octobre, c'est l'extraordinaire : altitude, électricité dans l'air – puisqu'un terrible orage éclatera juste après –, génie ? Nul ne sait : au saut en longueur, l'Américain Bob Beamon s'envole à 8,90 m, nouveau record du monde ! La précédente marque était de 8,35 m seulement. L'impression est incroyable. Qui est ce Beamon ailé ? On le connaît peu, il n'a jamais sauté très loin mais, ce jour-là, il est surhumain : il faudra attendre vingt-trois ans, en 1991, pour voir un autre Américain, Mike Powell, détrôner Beamon.

Une surprise : Colette Besson

La nouvelle piste en tartan* et l'altitude combinées permettent à Jim Hines de courir le 100 m sous les 10 secondes, quelques mois après son fabuleux record du monde (en 9 secondes 9/10) en demi-finale des championnats des États-Unis, à Sacramento. L'Américain Al Oerter obtient sa quatrième médaille d'or : il est champion olympique du disque depuis les Jeux de Melbourne, en 1956. Pour les Français, l'émotion est à son comble lorsque dans les derniers mètres du 400 m, la surprenante Colette Besson devient championne olympique. À vingt-deux ans, la gloire tombe sur les épaules de cette jolie jeune femme brune dont les larmes de joie, sur le podium, sont retransmises par toutes les télévisions du monde.

LE CHOC DU 400 M
Colette Besson est la deuxième médaillée d'or féminine de l'athlétisme français, après Micheline Ostermeyer, double championne olympique du poids et du disque en 1948.

MENACES SUR LES JEUX

CONTESTATION NOIRE
Sur le podium du 200 m, Tommie Smith, au centre, et John Carlos, derrière lui, ont brandi un poing noir. Aux États-Unis, le « Black Power » a eu un fort retentissement. Condamnés par les blancs, les expulsés ont dû longtemps payer pour leur geste.

Le « Black Power »

Mais les Jeux de 1968 servent de scène à une autre cause, celle de l'injustice raciale : debout sur le podium, Tommie Smith, vainqueur du 200 m et nouveau recordman du monde, et John Carlos, troisième, hissent la révolte à la face du monde en brandissant un poing noir tandis que l'hymne américain retentit dans le stade. Les pantalons

MENACES
SUR LES JEUX

etroussés sur des chaussettes noires, des tee-shirts noirs sous les survêtements, ils baissent la tête orsque l'on hisse le drapeau étoilé. Le « Black Power », le « pouvoir noir », nom que l'on donnera cet épisode historique des Jeux, vient de défier le drapeau américain. Pour la première fois, la conscience noire avivée un peu plus tôt par l'assassinat de son leader Martin Luther King, s'exprime aux Jeux : elle revendique l'égalité des droits. Smith t Carlos sont expulsés des Jeux.

Pour les venger, les coureurs américains du 400 m ont une course exceptionnelle : Lee Evans et Larry ames battent le record* du monde devant Ronald Freeman. Et sur le podium, les trois hommes ffichent encore le noir de la contestation. Relayés par ne médiatisation croissante, les Jeux deviennent la itrine de revendications collectives ou individuelles.

CASLAVSKA, LA DIVINE
Deux mois après la tragédie de Prague, la Tchécoslovaque Vera Caslavska bat les Russes et remporte sa septième médaille d'or en deux olympiades*. Une très, très grande dame de la gymnastique, ici aux barres asymétriques.

LE GRAND SPECTACLE

De Munich à Montréal (1972-1976)

LES CONTINENTS S'UNISSENT
Très sobre, la cérémonie d'ouverture des Jeux de Munich émeut quand la flamme olympique est accompagnée symboliquement par des champions des quatre autres continents : l'Africain Keino, l'Américain Ryun, l'Australien Clayton, le Japonais Kimihara.

Munich ouvre l'ère moderne

En ce mois d'août 1972, la manifestation olympique prend une nouvelle dimension qui préfigurera les Jeux à venir. Gigantisme et universalisme sont les maîtres mots. L'ère de la communication à outrance, de la commercialisation est ouverte. Les Jeux sont un vrai produit de « marketing » et une vaste caisse de résonance. La presse s'est déplacée en masse : pour la première fois, il y a presque autant de journalistes que d'athlètes. D'ailleurs, Munich renvoie bien cette image : l'Allemagne moderne et prospère, qui veut se faire pardonner les Jeux de 1936, a bâti un immense complexe sportif avec quarante-trois kilomètres de routes,

une tour de télévision de 280 m de haut et un stade magnifique à l'architecture futuriste avec son toit étonnant, sorte de toile d'araignée en plastique suspendue au-dessus des 120 000 sièges. Nul doute : ce sont les plus grands Jeux olympiques.

DEUX « PHÉNOMÈNES »
En 1972, ils battent tous les records : Spitz est le nageur le plus rapide, et l'haltérophile* soviétique Vassili Alexeiev, l'homme le plus fort du monde.

Spitz le géant

Munich a trouvé un géant à sa mesure : il se nomme Mark Spitz. Ce jeune nageur américain de vingt-deux ans commence par remporter la médaille d'or du 200 m papillon en améliorant son propre record* du monde, et réitère son exploit lors du relais 4 x 100 m. Il gagne ensuite le 200 m libre avec un autre record. Spitz, le plus grand nageur de l'histoire, obtiendra ainsi sept médailles d'or... et sept records du monde. Bâtie sur une longue carrière, la domination de Spitz s'explique aussi par une pointe de vitesse hors norme.

Exceptionnelle également la finale du basket : pour la première fois depuis 1936, les États-Unis sont battus. Par les Russes.

Après les dramatiques événements de Munich, la constestation naît : fallait-il reprendre les Jeux ? On reproche au président du CIO*, Avery Brundage, d'avoir dit : « La fête doit continuer. » On regrette que le cérémonial des hymnes, des drapeaux... ait été maintenu. Faut-il supprimer ces marques de souveraineté propices au patriotisme et au chauvinisme ?

La tragédie

L'Allemagne est en liesse ce lundi 4 septembre lorsque sa belle sauteuse en hauteur, Ulrike Meyfarth, devient à seize ans la plus jeune championne olympique de l'histoire de l'athlétisme. Mais le lendemain, c'est le drame. Le village olympique se réveille, investi par les forces de police, cerné de toutes parts : à 4 h 30 du matin, huit Palestiniens ont pénétré dans les appartements de la délégation israélienne, pris en otages neuf athlètes israéliens et tué deux personnes...

Après quinze heures de négociations, les huit Palestiniens membres du groupe « Septembre noir »

SOUS ÉTROITE SURVEILLANCE
Aussitôt après le drame, la surveillance des sites olympiques a été renforcée. Ici, un policier contrôle un cycliste à l'entrée du village des athlètes.

– branche dure du mouvement pour la libération de la Palestine –, et les neuf otages, sont transportés par hélicoptère à l'aéroport militaire voisin pour décoller à destination de l'Égypte. Une fusillade éclate avec les tireurs d'élite allemands. Le bilan est terrible. Quinze morts : un policier, cinq palestiniens et les neuf otages…

KEINO LE KÉNYAN
Passage d'une barrière du 3 000 m steeple-chase pour Kip Keino vainqueur de l'épreuve. Mais le Kényan, champion olympique du 1 500 m à Mexico, ne doublera pas sa victoire : sur cette distance, il sera battu de justesse par le Finlandais Vasala.

Deuil sur les Jeux

Les Jeux ont sombré. La surveillance du village est renforcée avec 12 000 policiers, partout on se méfie. Cruels moments qui resteront comme l'un des symboles de la menace qui plane sans cesse sur ces lieux de paix. Rappelons-nous : dans l'Antiquité ne signait-on pas une trêve pendant les Jeux ? Personne ne sait comment réagir : on annonce leur supension, les drapeaux sont mis en berne. Puis on

décide qu'ils reprendront. La fête reprendra. Mais quelle fête ? Le lendemain, on retouve les cérémonies de podium, on assiste au bonheur de Lasse Viren – le Finlandais qui remporte le 5 000 m et le 10 000 m pour reprendre le flambeau du fond* finlandais –, à la joie de Guy Drut – le hurdler* tricolore médaillé d'argent sur 110 m haies –, à l'avénement du cycliste Daniel Morelon, sacré champion olympique de vitesse (1 000 m) pour la seconde fois après 1968, ou au doublé en sprint* du glacial Soviétique Valery Borzov... Mais les cœurs n'y sont plus.

UN COMPLEXE UNIQUE
Au premier plan, le stade de Montréal. À gauche, sous la haute tour, la piscine. Derrière, le vélodrome. Le site, dont l'aménagement avait été confié à Roger Taillibert, l'architecte français du Parc des Princes, a failli ne pas être prêt à l'heure : les Jeux constituent aussi une prouesse architecturale.

Montréal, ou l'idée d'entreprise

Quatre ans après la tragédie de Munich, les XXI Jeux de Montréal s'ouvrent, le 17 juillet 1976, avec pour préoccupation essentielle, la sécurité : 16 00(

hommes, policiers, gendarmes, soldats, protègent les athlètes. Les hélicoptères patrouillent... Mais d'autres difficultés apparaissent : les Africains, sauf le Sénégal et la Côte-d'Ivoire, ont en effet décrété le boycott. Ensuite le stade, dont les travaux ont pris du retard, a coûté une fortune ; la ville craint le surendettement. Mais finalement, bonne surprise, un bénéfice est dégagé. Pour la première fois, les Jeux rapportent de l'argent. On découvre qu'ils peuvent donc aussi devenir une très bonne opération commerciale. Cette source de revenus sera largement exploitée, comme on le verra plus tard.

LA HARGNE DE GUY DRUT
Après l'argent, en 1972, l'or sur le 110 m haies, en 1976. Guy Drut est déjà en tête devant le Cubain Casanas et l'Américain Davenport, champion olympique à Mexico. En 13 secondes 30/100, il sauve de la déroute une délégation française très médiocre.

KORNELIA ENDER, L'ONDINE
Le 100 m est sa distance. En 1976, l'Allemande de l'Est y gagne la médaille d'or grâce, entre autres, à l'impulsion impressionnante qu'elle donne au départ.

Rumeurs de dopage

Bien vite, une autre interrogation surgit : celle du dopage*, cancer du sport qui ne cesse de se développer comme on le constatera par la suite. Car si le Finlandais Lasse Viren réédite son doublé sur 5 000 et 10 000 m, il est suspecté d'avoir eu recours à la transfusion sanguine, une méthode qui consiste à se réinjecter son propre sang réoxygéné afin de multiplier les globules rouges propices à l'effort.

Et les Allemandes de l'Est, à l'image de l'impressionnante Kornelia Ender, qui ont remporté tous les titres en natation – neuf épreuves sur dix – n'ont-elles pas de drôles de voix graves ? On s'interroge : comment la RDA, pays peu peuplé, peut-elle fournir d'aussi grandes championnes ? Pourquoi leurs filles sont-elles si fortes et pas leurs garçons ? Pourtant, les premiers contrôles antidopage pour détecter les anabolisants*, qui sont effectués dans un laboratoire de la banlieue de Montréal, se révèlent tous négatifs. Plus tard, le mur de Berlin effondré, certaines sportives de la RDA témoigneront leurs entraîneurs les obligeaient à se doper pour assurer la gloire du régime.

On a pu déplorer l'absence de grands athlètes africains aux Jeux de Montréal : l'Ougandais Akii-Bua, détenteur du record* du monde du 400 m haies, que l'on attendait contre l'Américain Moses, le Tanzanien Bayi contre le Néo-Zélandais Walker sur 1500 m... Seize pays africains, après avoir demandé en vain l'expulsion de la Nouvelle-Zélande des Jeux en raison de ses relations sportives avec l'Afrique du Sud qui soutient l'apartheid, ne se sont pas déplacés.

La petite fée Comaneci

Et le sport dans tout ça ? Pour la première fois de l'histoire, le Cubain Alberto Juantorena remporte le 400 m et le 800 m. Après une médaille d'argent à Munich, le « frenchy » Guy Drut obtient l'or à Montréal et devient le premier Européen à battre les Américains sur les haies depuis la création des Jeux. Et puis, il y a ces instants inoubliables offerts par la grâce d'une jeune gymnaste. Nadia Comaneci a quatorze ans ; c'est une petite Roumaine vive et extrêmement douée. Elle obtient sept fois la note de 10 sur 10 en gymnastique et remporte trois médailles d'or. Sublime performance. Sous les projecteurs, Nadia devient la « petite fée de Montréal ». Et les Jeux qui ont si mal débuté se terminent sous son enchantement.

Un an avant Montréal, le président du CIO* a changé : Lord Killanin a une vision moins rigide de l'olympisme. Il est vrai qu'avec le succès des Jeux, les présidents du CIO sont devenus des personnalités influantes du monde politique et économique. Se sont succédé : le Grec Dimitros Bikélas (1894-1896), Pierre de Coubertin (1896-1925), le Belge Henri de Baillet-Latour (1925-1942), le Suédois Sigfried Edstroem (1942-1952), l'Américain Avery Brundage (1952-1972), l'Irlandais Lord Killanin (1972-1980) et l'Espagnol Juan Antonio Samaranch, actuellement en exercice.

LA GRÂCE DE NADIA
« Gymnaste, ballerine, sylphide. On ne sait comment qualifier cette Lolita olympique », rapporte dans le quotidien sportif *L'Équipe*, le célèbre écrivain Antoine Blondin, au lendemain du sacre de Nadia Comaneci en 1976, ici au sol.

LE GRAND SPECTACLE

Le match URSS / États-Unis (1980-1984)

Les Jeux politiques de Moscou

Après l'entrée, fin 1979, des troupes soviétiques en Afghanistan, le président américain Jimmy Carter a décrété le boycott de son pays aux Jeux olympiques de Moscou de 1980. De nouveau, les J.O. tombent aux mains des politiques et deviennent un instrument de dissuasion dont les sportifs sont prisonniers. Le CIO* n'est pas d'accord : il refuse toute ingérence politique dans le sport, mais que faire contre la volonté des États ? Le 19 juillet, l'ouverture

L'URSS VEUT EN IMPOSER
Lord Killanin, président du CIO*, l'a martelé : « Les J.O. n'appartiennent pas à un seul pays ; ils sont la propriété de tous. » Mais les Américains ont lâché l'olympisme et l'atmosphère est tendue sur le stade Lénine. Seul l'ours Michka, l'emblème des Jeux de Moscou, a le sourire.

LE DUEL COE-OVETT
Les frères ennemis anglais dominent le demi-fond*. Favori du 800 m dont il est recordman du monde, Sebastian Coe perd la course face à Steve Ovett. Il prend sa revanche, ici sur 1 500 m (dossard 254), où il battra son compatriote, classé troisième (dossard 279).

est triste dans l'austère stade Lénine où Leonid Brejnev a pris place : soixante-deux pays absents dont les États-Unis, le Canada, la Chine ; quatre-vingt-dix présents, l'Europe en majorité.

Les Jeux sont dénaturés et le nationalisme exacerbé. On triche pour avantager les Soviétiques : ainsi, on refuse des sauts corrects au favori du triple saut, le Brésilien De Oliveira. On siffle les athlètes étrangers comme le victorieux perchiste polonais Koziakiewicz qui répond par un bras d'honneur. Où est le fair-play ?

À nouveau l'ombre du dopage

L'URSS voudrait être victorieuse partout, à l'image de son grand nageur Vladimir Salnikov. Mais les démocraties populaires montent aussi sur le podium : les Allemandes de l'Est avec Barbara Krause, première femme à nager en moins de

Au soir des jeux de Moscou, on s'interroge : que valent les titres décernés ? Les absents ont-ils toujours tort ? L'athlétisme a souffert sans les Américains, et de nombreux concours ont été faussés par des triches nationalistes, puisqu'aucun officiel de la Fédération internationale d'athlétisme n'a été autorisé à contrôler la régularité des épreuves. En gymnastique, c'est la fin du règne des vraies femmes. La déchéance de Nadia Comaneci l'illustre : l'avenir appartient aux petites filles, poids plume bondissants.

55 secondes au 100 m, et les gymnastes roumaines même si Nadia Comaneci – au regard inquiet et dont le corps depuis quatre ans est devenu celui d'une femme – perd son titre au concours général*. Heureusement, les Anglais illuminent l'athlétisme avec la victoire du sprinteur écossais Alan Wells, les duels de Sebastian Coe et Steve Ovett sur 1500 m et 800 m – où ils remportent l'or – sans oublier la hargne du décathlonien Daley Thompson. L'escrime* française décroche quatre médailles d'or. Mais il plane toujours sur Moscou ces terribles bruits de dopage* : un nouveau produit, la testostérone*, serait utilisé par les champions...

L'Eldorado californien

BIENVENUE EN AMÉRIQUE
Sur la pelouse du *Coliseum*, Los Angeles a fait dessiner les lettres du mot « Welcome » pour souhaiter la bienvenue aux athlètes lors de la cérémonie d'ouverture. Comme en 1932, du spectacle, toujours du spectacle !

En 1984, cinquante-deux ans plus tard, les XXIII Jeux reviennent dans le *Coliseum* de Los Angeles mais leur visage a radicalement changé : illustration de la libre-entreprise et du capitalisme américains ils sont, pour la première fois de l'histoire, entièrement organisés par un comité privé financé par quelques grands commanditaires internationaux, et non par la ville et l'État. McDonald's, par exemple, a

ONLY YOU MARY LOU !
Entraînée par le Roumain Bela Karoli, ancien professeur de Nadia Comaneci, l'Américaine Mary Lou Retton, ici à la poutre*, est devenue championne olympique et la coqueluche du public. Grâce à elle, la gymnastique a connu un essor phénoménal aux États-Unis.

onstruit la piscine, Coca-Cola s'est affiché partout. Comme à Montréal, mais à une autre échelle, un mportant bénéfice – 232 millions de dollars – est légagé.

Les Jeux deviennent une vaste opération commeriale et cela n'ira que croissant. D'autant que la haîne américaine ABC a versé 225 millions de lollars au Comité international olympique pour btenir l'exclusivité des retransmissions de l'événement ; une somme qui lance l'escalade des prix : NBC, la chaîne concurrente, achètera la couverture les Jeux de Seoul 300 millions de dollars, celle des eux de Barcelone 401 millions de dollars et celle l'Atlanta 456 millions. Toujours plus haut : n'oulions pas que le prix était de 500 000 dollars en 960. Aux Jeux, l'exploit est aussi financier.

À leur façon, les Jeux de Los Angeles ont fait preuve d'un chauvinisme exacerbé. Sur les sites, les spectateurs se sont révélés des hôtes égoïstes, déchaînant leur passion pour les athlètes américains, ignorant les autres. La chaîne de télévision ABC n'a filmé que les maillots frappés des lettres USA et les bannières étoilées volant au vent des victoires américaines, obligeant le président Samaranch à intervenir : il adressa à la chaîne une lettre de réprimande. Décidément, le fair-play n'auréole pas toujours les Jeux !

LA FRANCE GAGNE
L'équipe de France, avec Xuereb (ci-contre), remporte le tournoi de football contre le Brésil tandis que Pierre Quinon (ci-dessous), vainqueur du saut à la perche, devient le sixième médaillé d'or français en athlétisme. Même succès pour les escrimeurs Philippe Boisse (épée) et Jean-François Lamour (sabre) qui conservera son titre en 1988.

Le boycott des pays de l'Est

La première médaille des Jeux est revenue à ur tireur au pistolet chinois. C'est un symbole qui fête le retour de la Chine à l'olympisme et préfigure la grande nation sportive qu'elle sera dans le futur Mais la majeure partie des pays de l'Est, URSS et RDA en tête, ont boycotté Los Angeles, par repré-sailles contre les États-Unis, absents aux Jeux de Moscou en 1980. En revanche, l'Afrique est bien représentée : la Marocaine Nawal El Moutawaki devient sur 400 m haies la première femme de ce continent championne olympique de l'histoire ouvrant ainsi le chemin à ses compatriotes. Douze ans après avoir été sacrée championne olympique de hauteur en 1972, l'Allemande Ulrike Meyfarth obtient de nouveau l'or et réalise un doublé unique en son genre.

Carl Lewis dans les pas de Owens

Mais l'exploit de ces Jeux revient à Carl Lewis qu inscrit son nom au palmarès des quatre épreuve que Jesse Owens, son compatriote américain, avai emportées en 1936. Avec son immense foulée, un orps sculptural de 1,88 m pour 82 kg, donnant ne impression de puissance en même temps que e souplesse féline, Lewis remporte d'abord le 00 m en 9 secondes 99/100. Puis il s'attaque à la ongueur : un seul saut, le premier de ses six essais, 8,54 m, lui suffit pour remporter l'épreuve. Il nchaîne avec le 200 m qu'il court en 19 secondes 0/100 puis avec le 4 x 100 m dont il est le dernier elayeur. C'est l'émotion sur le stade ! Certes, en atation, le Canadien Alex Baumann, quadruple hampion olympique, réussit un exploit de même ature, mais depuis Spitz, c'est presque devenu anal... Aux côtés de Carl Lewis se profile une utre légende : Michael Jordan, qui n'a pas encore igné de contrat professionnel avec le club des hicago Bulls, décroche sa première médaille d'or vec l'équipe américaine de basket-ball.

L'aviron, discipline méconnue du public et pourtant l'une des plus exigeantes physiquement, sacre un autre grand athlète : le géant finlandais Perti Karppinen devient champion olympique en skiff (frêle bateau à un rameur) pour la troisième fois d'affilée après les Jeux de 1976 et de 1980.

LE PARI DE CARL LEWIS
Ultime épreuve pour Carl Lewis, en 1984. Après trois titres sur 100 m, 200 m, longueur, l'Américain reçoit le témoin des mains de Calvin Smith. Comme Jesse Owens, il terminera le relais 4 x 100 m avec une quatrième médaille d'or.

De la « triche » au rêve (1988-1992)

UNE COURSE STUPÉFIANTE
Finale du 100 m : Ben Johnson bat très largement Carl Lewis et l'Anglais Linford Christie. L'année précédente, il avait été champion du monde à Rome. Pourtant en 1984, Johnson n'était encore qu'un modeste coureur.

Seoul : la chute de Ben Johnson

Cette fois, il n'est plus question de boycottage. E 1988, les Jeux olympiques de Seoul, en Corée d Sud, marquent le retour à l'unité souhaitée par l CIO* : ils doivent se dérouler sans heurt, mêm s'ils ont lieu dans un pays controversé où une vio lente contestation estudiantine a éclaté à quelque emaines de l'ouverture. Non, le grand choc des eux ne sera pas politique mais sportif : ce sera la lisgrâce de Ben Johnson.

Le 24 septembre, le sprinteur canadien est sacré hampion olympique du 100 m devant Carl Lewis. n 9 secondes 79/100, cet athlète musculeux a éussi un incroyable record* du monde. Mais le 6 septembre au soir, le CIO le convoque d'urence : le contrôle antidopage, auquel il s'est sounis à l'arrivée comme tous les vainqueurs, s'est évélé positif aux anabolisants* : Ben Johnson s'est lopé ! En quelques secondes, la nouvelle fait le our de la Terre. C'est le scandale. Jamais cas de lopage* n'avait autant interloqué car, jusqu'à résent, les athlètes « positifs » après contrôle taient peu connus du public. Là, il s'agit du plus élèbre d'entre eux. Ben Johnson servira d'exemple. n effet, si neuf athlètes seulement sont officiellenent disqualifiés lors de ces Jeux, on soupçonne 0 % d'entre eux de se doper…

Sohn Kee Chung est entré dans le stade de Seoul, la torche à la main : ce petit homme sec de soixante-seize ans qui passe devant les 14 000 athlètes alignés sur la pelouse, avait remporté en 1936 le marathon* avec un maillot et un nom qui n'étaient pas le sien – le Japon avait envahi son pays. Ce samedi 17 septembre 1988, jour d'ouverture, la Corée sort de l'ombre avec lui. Et les Jeux de Seoul que l'on avait qualifiés d'impossibles dans un pays coupé en deux, deviennent le symbole de la réconciliation.

L'EXPLOIT DE KRISTIN OTTO
En 1988, l'Allemande de l'Est Kristin Otto remporte six médailles d'or et devient la femme la plus titrée des Jeux d'été. Une performance à peine supérieure à celle du nageur américain Matt Biondi sacré cinq fois champion olympique.

LE GRAND SPECTACLE

En raison du développement croissant de la fête olympique, la structure commerciale du CIO* a été entièrement refondue au lendemain des Jeux de Los Angeles. En 1985, le Comité a confié le marketing des Jeux à la société de management ISL créée par Horst Dassler, alors président d'Adidas. Le système TOP (*The Olympic Programm*) définit des classes de produits dont le CIO assure l'exclusivité à un sponsor. En place à Seoul, la structure a dégagé des gains importants. Pour être sponsor TOP à Atlanta, il fallait débourser entre 180 et 250 millions de francs !

Des contrôles renforcés

Prenant la place de Ben Johnson, éliminé du podium et déchu de son record*, Carl Lewis est le nouveau champion olympique du 100 m. Et puisqu'il remporte aussi le saut en longueur, il décroche sa sixième médaille d'or : l'Américain est bien le plus grand athlète de ce siècle.

Mais le cas de Ben Johnson amène à s'interroger sur d'autres performances comme celles, surnaturelles, réussies par l'Américaine Florence Griffith Joyner si facilement victorieuse aux 100 m et 200 m et détenant ainsi le record du monde des deux distances : respectivement de 10 secondes 49/100, un temps prodigieux qui le demeurera sans doute pour l'éternité, et de 21 secondes 34/100. On pense aussi aux exploits de sa belle-sœur, Jackie Joyner Kersee, la championne olympique de la longueur et de l'heptathlon*.

LOUGANIS, MAÎTRE DU PLONGEON
Double champion olympique de plongeon* du tremplin et de haut-vol en 1984, Greg Louganis réitère ses succès à Seoul, en 1988. Figure très connue aux États-Unis, il y a popularisé son sport.

« L'affaire Ben Johnson », comme on l'appellera, a aussi le mérite d'attirer définitivement l'attention du CIO* sur la lutte à mener contre le fléau du dopage* : la liste des produits dopants interdits sera élargie, les contrôles en compétitions seront renforcés, des contrôles* inopinés instaurés et les sanctions à l'égard des fautifs étendues : en athlétisme, celui qui triche est suspendu quatre ans. En ces temps de paix, sans menace politique pour l'olympisme, c'est bien la lutte contre le dopage qui doit devenir la première priorité du CIO.

DES BATEAUX EN OR
Jean-Yves le Deroff et Nicolas Henard, ici en *Tornado*, ainsi que Peponnet et Pillot, en *470*, furent champions olympiques de voile*, en 1988. Au total pour les Bleus, six médailles d'or à Seoul : Jean-François Lamour (sabre), l'équipe de France d'épée, Pierre Durand (saut d'obstacle) et Marc Alexandre (judo).

La fin des idéologies

Seoul marque la fin des affrontements idéologiques qui, depuis 1952, ont entaché les Jeux. Le duel URSS / États-Unis n'existe plus, et la RDA, qui avait fait son entrée aux Jeux de 1972, apparaît pour la dernière fois avant l'effondrement du mur de Berlin, en 1989.

UN SITE MAJESTUEUX
Le complexe olympique s'étend sur la colline de Montjuich, au-dessus de Barcelone. Depuis la ville, on accède au stade, au palais de gymnastique San Jordi ou à la piscine par de longs escalators. La Catalogne y a fait la fête tous les soirs.

Un monde en évolution

En 1992, les XXVe Jeux de Barcelone épousent la nouvelle géographie du monde : l'URSS a éclaté, la Yougoslavie est morcelée en plusieurs républiques, Cuba fait son retour, la Chine s'impose dans beaucoup de disciplines, l'Allemagne est réunifiée. Le monde évolue mais, cent ans plus tard, les Jeux sont-ils conformes à l'idéal de Pierre de Coubertin ? Disputés sur le superbe site de la colline de Montjuich qui domine Barcelone, ils sont toujours plus grandioses : 10 300 représentants, 172 pays. Trop grandioses ? Sans doute. La « machine olympique » devenue mercantile perd parfois en confraternité. Peut-être faudra-t-il songer maintenant à réduire le nombre d'athlètes, à supprimer certains sports…

La Dream Team entre en scène

Après avoir affirmé sa volonté de lutter contre le dopage*, le Comité international olympique fait aussi un pas de plus vers moins d'hypocrisie. Révolue l'époque où les athlètes étaient déclassés pour avoir été rémunérés. L'ouverture vers les sportifs professionnels, déjà amorcée avec le football à Los Angeles et le tennis à Seoul – où l'Allemande Steffi

Gigantesques, les Jeux de Barcelone mettent en évidence la véritable multinationale que sont devenus les J.O. et soulignent les enjeux économiques qu'ils représentent. Le spectacle coûte plus cher mais il est aussi plus rentable pour le CIO* dont les revenus sont passés de 250 millions de francs, en 1986, à un milliard, en 1992, essentiellement grâce aux droits de retransmission des télévisions et aux partenaires commerciaux.

LE « SHOW » DES PROFESSIONNELS
« Magic » Johnson (dossard 15) arrête le tir du Croate Vrankovic (en maillot rouge). Patrick Ewing est là en renfort. Spectacle et efficacité façon NBA* : en finale, la Dream Team écrase la Croatie, pourtant meilleure équipe européenne, 117 à 85.

Graf devient championne olympique –, concerne cette fois le basket-ball et bientôt les cyclistes à Atlanta.

Les légendes vivantes de la NBA* sont ainsi autorisées à pénétrer sur les parquets olympiques à la place des universitaires que les États-Unis sélectionnaient habituellement : une chance pour les Jeux qui rassembleront désormais en cette fin de siècle tous les meilleurs sportifs du monde quel que soit leur statut, amateur ou professionnel. N'était-ce pas au fond l'idéal grec ? Qu'importe que ces joueurs soient millionnaires : l'engouement est énorme pour cette équipe surnommée la « Dream Team » Comme ils font rêver en effet, les Michael Jordan Larry Bird, Scottie Pippen, Charles Barkley et surtout Earvin « Magic » Johnson star des *Los Angeles Lakers*, ... les cinq meilleurs joueurs de basket-ball du globe ! Ils écrasent toutes les équipes, jusqu'à la Croatie, en finale. Jamais de l'histoire du sport, supériorité n'a été si manifeste mais également si respectée après chaque match, les perdants sont venus remercier les Américains pour le spectacle offert.

LEWIS COLLECTIONNE LES MÉDAILLES !
Battu en 1991 aux championnats du monde de Tokyo, où son rival Mike Powell a amélioré le record du monde du saut en longueur de Bob Beamon avec un saut fantastique à 8,95 m, Carl Lewis prend sa revanche à Barcelone : huitième médaille d'or pour « King Carl ».

LE GRAND SPECTACLE

PÉREC ENFLAMME LE 400 M
En 1992, vingt-quatre ans après le sacre de Colette Besson, Marie-José Pérec devient championne olympique du 400 m, et la troisième médaillée de l'athlétisme français. Bilan des tricolores à Barcelone : huit médailles d'or.

Carl Lewis toujours

En natation, le Russe Alexander Popov devient le roi du sprint à côté de la très jolie Hongroise Kristina Egerszegi déjà championne olympique à Seoul à quatorze ans, qui remporte ici trois autres médailles d'or. Son rêve est de devenir une troisième fois championne olympique aux Jeux d'Atlanta, en 1996, et de réussir ainsi ce que seule Dawn Fraser a accompli dans l'histoire de la natation.

En athlétisme, Carl Lewis, toujours présent, y est parvenu : il glane deux autres médailles d'or même s'il concède le 100 m au « vieil » Anglais Linford Christie (trente-et-un ans). Un palmarès de huit médailles pour Lewis ! Sera-t-il encore là, chez lui, aux prochains Jeux d'Atlanta ? Nul ne sait...

Atlanta accueillera en 1996 les Jeux du « Centenaire ». Des Jeux que l'on a dit obtenus par Coca-Cola, sponsor du CIO* depuis 1928, et dont la ville américaine abrite le siège. Les candidatures affluent : il est vrai que les Jeux sont une formidable vitrine et un coup de fouet économique pour la ville qui reçoit. C'est Sydney, en Australie, qui organisera les Jeux de l'« An 2000 ».

LES JEUX D'HIVER

Naissance et expansion (1924-1960)

L'OPPOSITION NORD-SUD
Depuis 1901, les pays scandinaves organisaient des Jeux nordiques. Le succès de la Semaine internationale des sports d'hiver, où l'on découvre le bobsleigh (ici l'équipe suisse), entérine les Jeux d'hiver. Et la FIS, Fédération internationale de ski, est créée.

Et pourquoi pas les sports d'hiver ?

En 1924, on a déjà célébré sept olympiades* d'été depuis leur renaissance en 1896 mais il n'existe toujours pas de Jeux d'hiver. Pourquoi ? Parce que les Scandinaves craignent de perdre le pouvoir qu'ils détiennent sur les compétitions au profit du Comité international olympique. En effet, en Finlande, en Norvège, en Suède, le ski est plus qu'un sport : c'est un mode de vie. D'ailleurs, seules existent à l'époque les épreuves de ski nordique* sur lesquelles ces pays du Nord rayonnent. Le ski de descente, dit « alpin* », n'apparaîtra que plus tard pour devenir la grande vedette des Jeux d'hiver. Malgré les réticences, la « Semaine internationale des sports d'hiver » s'ouvre fin janvier 1924 au pied du Mont-Blanc, à Chamonix. Les Nordiques y subjuguent les Chamoniards qui découvrent avec eux une nouvelle dimension des sports d'hiver.

Haug, premier roi du ski

En remportant la spectaculaire épreuve du 50 km, puis le 18 km, le combiné nordique* et la troisième place en saut*, le Norvégien Thorleif Haug devient le premier grand champion des Jeux. Il fait découvrir le fartage* aux Français ébahis qui ignorent ce procédé. En patinage de vitesse*, le Finlandais Clas Thunberg est surnommé le « Nurmi de la glace » : il remporte cinq médailles. En saut, les Norvégiens éblouissent en « volant » à plus de 50 m. Et que dire du hockey sur glace méconnu en France mais sport national en Amérique du Nord ? Le Canada inflige un 30-0 à la France mais battra difficilement les États-Unis, 3-1, en finale.

Pierre de Coubertin s'interrogeait sur l'opportunité de créer des Jeux d'hiver parallèlement aux Jeux d'été dont il redoutait déjà le gigantisme. Il admit néanmoins que le patinage artistique pût figurer au programme des Jeux d'été. Ce qui ne fut le cas ni à Athènes, ni à Paris, ni à Saint-Louis, faute de patinoire. C'est à Londres, en 1908, qu'on assista au sacre du premier champion olympique de patinage artistique, le Suédois Ulrich Salchow, qui donna son nom au fameux saut. En 1912, les Scandinaves, qui voulaient préserver leurs Jeux nordiques, interdirent toute discipline d'hiver aux Jeux de Stockholm. Mais à Anvers, il y eut du hockey sur glace. De cette hésitation perpétuelle naquit l'idée d'organiser de vrais Jeux d'hiver.

LA TRADITION SCANDINAVE
En 1924, les Scandinaves dominent les épreuves de ski de fond*, à l'image du Suédois Persson. Les Français sont représentés par l'équipe de France de patrouille militaire à skis : les chasseurs alpins seront à l'origine du ski dans l'hexagone.

Sonja Henie rayonne sur les Jeux

Cette Norvégienne, reine du patinage artistique découverte pour la première fois à Chamonix l'âge de douze ans – trop jeune, elle n'avait pas ét classée –, brillera pendant trois olympiades*. E 1928, à Saint-Moritz, Sonja Henie a seize ans e séduit la riche clientèle de cette station suiss renommée. Belle, gracieuse, athlétique en mêm temps que ballerine et technicienne, Sonja obtien l'or et devient « la petite fée de la glace ».

Quatre ans plus tard, à Lake Placid, au États-Unis, plus mûre et déjà véritabl vedette, elle s'impose de nouveau. E puis enfin, aux Jeux de Garmisch Partenkirchen triste Jeux ouverts en 1936, pa Adolf Hitler et qu célèbrent, avant Berlin l'avénement du nazisme Sonja clôt la boucle. On lu vouera un véritable culte e Norvège et elle deviendra grâce à Hollywood, un star adulée dans le monde Garmisch-Partenkirchen sign aussi l'apparition du ski alpin* sous la forme d'un combiné slalom et descente que le Norvégien Birge Ruud remporte après avoir gagné l saut à skis*, faisant ainsi la preuv d'un bel éclectisme.

LA FÉE DE LA GLACE
Trait d'union entre trois olympiades*, Sonja Henie illustre l'essor des Jeux d'hiver. À la mode – les Français Andrée Joly et Pierre Brunet champions olympiques en 1928 et 1932, deviennent très célèbres –, ils s'arrêtent brutalement avec la guerre.

'essor du ski alpin

près la Seconde Guerre mondiale, la paix blanche etombe sur les Jeux. Des Jeux qui forgent la gloire u ski alpin à Saint-Moritz en 1948 : le Français Ienri Oreiller, un audacieux jeune homme de ix-neuf ans surnommé le « fou descendant », y emporte la prestigieuse épreuve de descente. Les noyennes de vitesse jusqu'alors de 50-60 km/h tteignent désormais 80-90 km/h. À l'inverse, les eux d'Oslo (Norvège) en 1952, célèbrent le ski ordique*. Plus de 100 000 spectateurs se rassemblent autour du célèbre tremplin d'Holmenkollen.

POUR LA GLOIRE D'HITLER
En 1936, l'Allemande Christl Cranz remporte l'épreuve de slalom*. Malgré une chute en descente, elle gagne le combiné et sera la championne la plus titrée en ski. À l'arrière-plan, les croix gamées assurent au régime hitlérien une pleine publicité.

SAILER, HÉROS MODERNE
Avec son style tout en souplesse, Toni Sailer ressemble déjà au skieur d'aujourd'hui. Les télévisions en feront une vedette. Il se lancera dans la chanson et le cinéma et sera disqualifié à vingt-trois ans pour professionnalisme.

Le retour de l'URSS

De retour à la compétition, l'URSS découvre le Jeux d'hiver en 1956, à Cortina d'Ampezzo, en Ita lie. Les Jeux olympiques accèdent ainsi à l'univer salisme. Surprenants, les Soviétiques battent en sk de fond* les intouchables Norvégiens dans le relai 4 x 10 km. Un exploit qu'ils renouvelleront, deve nant ainsi une grande nation des Jeux d'hiver.

C'est également la consécration pour l'Autr chien Toni Sailer, vingt ans, vainqueur du slalom spécial, du slalom géant et de la descente. Trè dynamique, il préfigure déjà le skieur modern complet et athlétique.

La France ouvre un règne

\ux Jeux de 1960 à Squaw Valley – la vallée de 'Indienne –, station fantôme située à 200 kilo-nètres de San Francisco, aux États-Unis, la France 1'a jamais présenté une équipe aussi forte, avec des ndividualités aussi prestigieuses qui font encore ıujourd'hui référence au sein du ski tricolore : Jean /uarnet, François Bonlieu, Adrien Duvillard et leur :ntraîneur Honoré Bonnet. Ces Français ont mis au ɔoint de nouveaux skis métalliques et Jean Vuarnet ı inventé une position révolutionnaire dite de ‹ l'œuf ». La descente ne pouvait lui échapper : il la 'emporte, devant Guy Périllat.

L'EFFICACITÉ TRICOLORE
À Squaw Valley, les Français sont à la fête : à gauche, Jean Vuarnet, vainqueur de la descente ; au centre, le deuxième, l'Allemand Hans-Peter Lanig et Guy Périllat, médaillé de bronze.

Les années Killy (1964-1972)

Les sœurs Goitschel sur le podium

Après le succès de Vuarnet, les Jeux de 1964 à Inns-bruck, en Autriche, marquent encore la suprémati des Français. Deux sœurs de Val-d'Isère offrent u véritable festival : Christine Goitschel, dix-neu ans, remporte le slalom* devant Marielle, dix-hui ans. Un podium qui éclipsera l'or récolté par Fran-çois Bonlieu en slalom géant. D'autant que le sœurs réitèrent leurs exploits en slalom géant, mai cette fois dans l'ordre inverse : première Marielle deuxième Christine.

Le sacre de Killy

Sur la piste de Chamrousse, Jean-Claude Killy v enflammer les Jeux de 1968 ouverts à Grenoble pa le général de Gaulle. Champion du monde au Chili en 1966, Killy remporte la descente devant un autr Français, Guy Périllat, puis gagne le slalom géant Marielle Goitschel, vainqueur du slalom, se préci-pite pour l'embrasser. Reste la troisième épreuve le slalom spécial disputé en début d'après-mid dans un brouillard de plus en plus épais. À l'arrivée son grand rival l'Autrichien Karl Schranz est pre-mier. Mais le jury visionne le film de la course Schranz a raté deux portes. Killy est vainqueur C'est sa troisième médaille d'or. Par la suite, i deviendra encore champion du monde et doubl vainqueur de la Coupe du monde.

En 1968, les Jeux de Grenoble sont l'occasion pour le gouvernement français de lancer une opération de prestige pour promouvoir et moderniser les stations de sports d'hiver. De grands travaux sont engagés à Grenoble et sur les différents sites qui accueillent les compétitions : Chamrousse, Autrans, l'Alpe d'Huez... Aujourd'hui plus que jamais, les Jeux permettent de vastes opérations d'aménagement du territoire.

l sera peut-être le plus grand athlète de l'histoire les Jeux d'hiver. Comme la très belle Américaine 'eggy Fleming, reine du patinage artistique (*cf.* p. 82).

ON L'APPELLE LE « PHÉNOMÈNE »
Les observateurs seront frappés par l'extrême précision, l'impassibilité et le sang-froid de Jean-Claude Killy, ici dans le slalom* spécial. Enfant de Val-d'Isère, bien que né en région parisienne, Killy rendra à la Savoie ce qu'elle lui a offert de gloire : devenu homme d'affaires, il sera aussi la cheville ouvrière des Jeux d'Albertville en 1992.

L'ÉLÉGANCE DE PEGGY FLEMING
Avec cette jeune Américaine, le patinage artistique prend un nouvel essor en 1968. Notée six fois 5,9 en technique et neuf fois 5,9 en artistique, Peggy Fleming devient une star. Elle patine aujourd'hui encore dans des spectacles sur glace.

La fin d'une époque

À Sapporo, en 1972, devant l'empereur Hiro-Hit[...] les Japonais obtiennent trois médailles d'or e[...] saut*. L'ère « Killy » se termine doucement : l[...] Français ne sont guère brillants en son absenc[...] puisqu'il participe désormais au championnat mo[...] dial des professionnels. Seulement deux médaill[...] d'argent et de bronze en slalom* féminin… Maig[...] butin.

À peine arrivé à Sapporo, Avery Brundage, le président du CIO*, reproche aux skieurs alpins d'être des quasi professionnels. Karl Schranz, le favori depuis sa mésaventure grenobloise, lui réplique vertement. Il est disqualifié. Les Jeux s'ouvrent sur un scandale. Pourtant, ils ont coûté trois fois plus que ceux de Grenoble : à nouveau un virage important s'amorce.

Klammer s'élance

Innsbruck, en 1976, le patinage élégant du médaillé d'or anglais John Curry éblouit mais l'enthousiasme pas. En effet, en Autriche, l'épreuve reine est la descente, et le Suisse Bernard Russi, vainqueur quatre ans plus tôt, paraît imbattable. Mais l'Autrichien Franz Klammer, vingt-deux ans, physique de bûcheron et volonté de fer, gagne devant un public en liesse. Jamais les Jeux n'ont été suivis par autant de spectateurs. Des Jeux techniques, parfaitement organisés, qui sacrent aussi l'Allemande Rosi Mittermaier, en descente et en slalom.

L'AUTRICHE REINE DE LA DESCENTE
Coureur polyvalent à ses débuts, l'Autrichien Franz Klammer se spécialisera dans la descente dont il deviendra le maître absolu à la fin des années soixante-dix, en remportant vingt-cinq victoires.

LE TRUST DE LA VITESSE
Eric Heiden a popularisé le patinage de vitesse* aux États-Unis. Avec sa compatriote Bonnie Blair, leader de la discipline et l'un des plus riches palmarès olympiques féminins, ce sport exigeant a pris une nouvelle dimension.

L'exploit d'Heiden

À Lake Placid (États-Unis), aux Jeux de 1980, Eric Heiden réussit son fabuleux pari. Cet Américain, étudiant en médecine, remporte les cinq titres du patinage de vitesse*, du 500 m au 10 000 m. De quoi faire oublier la tension : un mois plus tôt, le président Carter a exigé l'annulation des Jeux de Moscou. Mais si les États-Unis battent l'invincible équipe soviétique de hockey sur glace, le célèbre couple de patinage artistique Irina Rodnina-Alexandre Zaitsev est à nouveau champion olympique pour l'URSS.

La « paix » de Sarajevo

Comment imaginer que Sarajevo, longtemps au cœur du conflit de l'ex-Yougoslavie, ait accueilli en 1984 les XIVe Jeux olympiques d'hiver ? Des Jeux qui se sont déroulés dans un climat de paix et de tranquillité villageoise au cours desquels le couple anglais de danse* sur glace Jean Torvill et Christopher Dean, enflammera les passions en recevant neuf fois la note maximale de 6. La magnifique patineuse allemande de l'Est, Katarina Witt obtiendra, à dix-huit ans, le même triomphe sur la glace grâce à un tempérament flamboyant et un physique flatteur. Quel contraste ! Brune piquante et sexy, elle représente un pays communiste « pur et dur » dont elle sera l'ambassadrice jusqu'aux Jeux de 1988 où elle remportera de nouveau la médaille d'or, réalisant un doublé unique depuis Sonja Henie. Après la chute du mur de Berlin Katarina Witt s'envole pour les États-Unis où elle devient professionnelle. Elle semblait née pour être une star, de l'Est ou de l'Ouest !

Calgary : la démesure

À Calgary, grande ville de l'Ouest canadien, les Jeux de 1988 donnent lieu à une très large couverture télévisée de la chaîne américaine ABC. Pourtant les États-Unis ne s'y illustrent pas particulièrement mais les Jeux d'hiver ont pris encore un nouveau virage : toujours plus grands, plus forts ! Et plus loin : avec deux médailles d'or décrochées sur les tremplins de 70 m et 90 m, le « teenager » finlandais Matti Nykanen réinvente le saut* : il vole littéralement.

Vingt ans après Jean-Claude Killy, Franck Piccard, déjà médaillé de bronze en descente, gagne la toute nouvelle épreuve du super-G*. Et l'on découvre un Italien fantasque, Alberto Tomba, double vainqueur des épreuves techniques. Il sera de nouveau victorieux en 1992, puis médaillé en 1994. Né à Bologne et issu d'un milieu aisé, Alberto, de caractère extraverti, tranche parmi les montagnards. Mais son talent insolent lui apporte la reconnaissance mondiale.

WITT ET TOMBA
La belle Katarina Witt (ci-dessus) et le slalomeur Alberto Tomba unis dans la victoire.

La France n'avait jamais obtenu de titre olympique dans une discipline nordique jusqu'à ce que Fabrice Guy remporte l'or du combiné*, devant Sylvain Guillaume. Leur exploit qui a ému tout le pays sera suivi de celui de l'équipe féminine de biathlon*, vainqueur du relais.

Retour en France, à Albertville

En 1981, Jean-Claude Killy et Michel Barnier se mettent à rêver de Jeux en Savoie. Ils choisissent Albertville, petite ville de 18 000 habitants au cœur de la vallée de la Tarentaise. Face à six autres candidats, la région se met au travail, et c'est le 17 octobre 1986, à Lausanne, que le CIO* attribue les Jeux de la XVIe olympiade à... Albertville.

Le 8 février 1992, une cérémonie très originale mise en scène par le chorégraphe français Philippe Decouflé, ouvre les Jeux : le folklore inhérent à ces cérémonies y est dépoussiéré et le footballeur Michel Platini porte la flamme olympique jusqu'à la vasque. D'entrée, les Norvégiens se montrent excellents : en ski de fond, Vegard Ulvang et Bjorn Daehlie remportent à eux seuls sept médailles ; en ski alpin, ils s'offrent la victoire pour la première fois de l'histoire grâce à Aamodt et Jagge.

LE SITE OLYMPIQUE D'ALBERTVILLE
La vallée savoyarde d'Albertville servit d'unité à des sites très éloignés les uns des autres : Val-d'Isère pour le ski alpin*, les Saisies où se disputent ski de fond* et biathlon*, Courchevel pour les épreuves de combiné nordique* et de saut*...

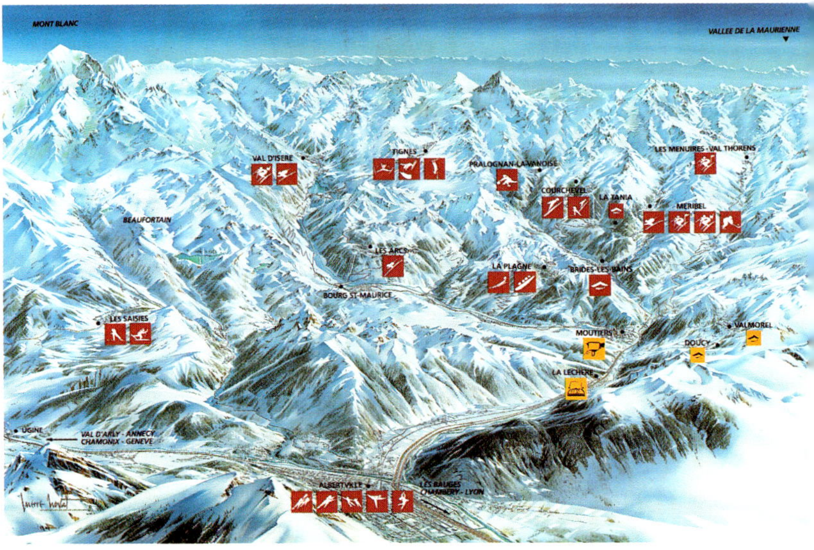

UNE FOULE EN LIESSE
Les Jeux de Lillehammer seront les plus chaleureux. Imprégnés de la culture du ski, les Norvégiens se sont déplacés par milliers sur les sites olympiques, en particulier sur les courses de ski de fond où ils ont acclamé avec ferveur les champions : « Heija Norge ! » (Vive la Norvège !).

L'accueil de Lillehammer

Le CIO* ayant décidé, pour des raisons financières, de ne plus organiser les Jeux d'hiver et les Jeux d'été la même année mais en alternance tous les deux ans, les Jeux de Lillehammer en Norvège, en 1994, servent de transition. L'accueil est fidèle au style de vie des Scandinaves, simple, proche de la nature. Pour la première fois, on parle de « Jeux écologiques » plutôt que de Jeux commerciaux.

Bien sûr la presse est nombreuse, surtout américaine car « l'affaire Harding et Kerrigan » qui a éclaté peu de temps auparavant, déchaîne les passions du patinage artistique. Mais l'important est ailleurs, du côté des hôtes norvégiens qui s'illustrent en ski alpin, en saut à skis, en patinage de vitesse* grâce à Johan Olaf Koss – trois médailles d'or et trois records du monde – et en ski de fond avec Bjorn Daehlie qui devient l'athlète le plus médaillé des Jeux.

En 1994, la Norvège a offert une très belle leçon de sport et donné une nouvelle humanité aux Jeux.

Les Jeux s'envoleront en 1998 à Nagano au Japon. Déjà l'on sait que le hockey sur glace sera un sommet : suivant l'exemple du basket, les Américains ont annoncé qu'ils feront participer leurs meilleurs professionnels. On imagine ce qu'il en sera en 2002, lorsque les Jeux auront lieu à nouveau aux États-Unis, à Salt Lake City.

Astérix à Olympie

Uderzo et Goscinny, les pères de nos irréductibles amis gaulois expliquaient qu'ils avaient étudié de très près l'histoire des Jeux olympiques de l'Antiquité pour concevoir puis dessiner les aventures d'Astérix et d'Obélix à Olympie. De fait, les tribulations sportives de leurs petits héros retranscrivent fidèlement l'ambiance qui régnait alors sur le site olympique : description du stade, du gymnase*, de la palestre* et de la préparation physique des participants, déroulement des compétitions et même, déjà, importance du dopage* ! Tout y est.

À lire : *Astérix aux Jeux olympiques*, © Dargaud éditeur, 1968.

« Olympiemania »

Les collectionneurs passionnés d'olympisme sont nombreux dans le monde entier. Ils se rassemblent parfois sur les lieux de compétitions et échangent timbres-poste, monnaies, mascottes, médailles, affiches et bien évidemment pin's que les fans des stades arborent sur leurs tee-shirts et sur leurs casquettes. On les retrouve au Carré Marigny à Paris, dans les pages de la revue *La Vie du collectionneur* (tél. : (1) 60 71 55 55) ou regroupés au sein de l'*Association des collectionneurs olympiques et sportifs* présidée par M. Marc Boucher (17, rue De Lattre, 52800 Nogent).

Les nouveaux sports

À chaque olympiade, de nouveaux sports enrichissent le programme olympique. Ainsi, par exemple, le basket-ball féminin fut-il introduit en 1976 et le judo féminin à Barcelone aux Jeux de 1992. À ces mêmes Jeux, le base-ball est devenu également officiel après avoir été « sport de démonstration » en 1984 et 1988. Les villes organisatrices peuvent en effet ajouter au programme quelques sports de leur choix qui deviendront peut-être un jour (mais pas forcément) olympiques après avoir été testés. Barcelone avait opté pour la pelote basque et le taekwondo. Atlanta a préféré le football féminin et le softball. Des épreuves de snow-board seront organisées à Nagano, en hiver 1998.

Les Jeux des handicapés

Tous les quatre ans, les handicapés physiques participent également aux Jeux olympiques : c'est en général quinze jours plus tard que des milliers de sportifs venus du monde entier et sélectionnés par leur fédération nationale concourent dans la ville hôtesse lors d'un grand rassemblement appelé les « Paralympiques ». À Seoul, sur le stade vibrant d'émotion, le Français Mustapha Badid fut sacré champion olympique du 1 500 m en chaise roulante. En effet, dans chaque discipline, plusieurs catégories figurent au programme selon le handicap de l'athlète.

Infos pratiques

Fédération française Handisport,
44, rue Louis-Lumière, 75020 Paris.
Tél. : (1) 40 31 45 00.

Épopée olympique au musée

Ouvert en juin 1993, le musée Olympique
magnifiquement situé dans un parc lon
geant les rives du lac Léman, permet d
plonger dans l'univers olympique : l'expo
sition permanente offre objets-souvenir
des plus grands athlètes et parcour
audiovisuel qui court des origine
grecques aux Jeux de Lillehammer. Anima
tions temporaires, vidéothèque, photo
thèque, bibliothèque, boutique d'objet
portant le sigle des anneaux olym
piques... ce musée préserve et célèbr
l'héritage olympique. Il abrite égalemen
le Centre d'études olympiques.

Infos pratiques

Musée Olympique,
1, quai d'Ouchy 1001, Lausanne
(Suisse). Tél. : (41) 21 621 65 11.

UN SIÈCLE DE FÊTE

Les Jeux olympiques d'Atlanta de l'été 1996 ont été baptisés les « Jeux du centenaire » : ils souffleront avec vigueur leurs cent ans d'existence. Mais en août 1994, le CIO* avait lui déjà fêté son centième anniversaire : comme en 1894, le mouvement olympique s'était rassemblé à Paris dans le majestueux amphithéâtre de la Sorbonne, à l'ombre du *Bois Sacré*, la fresque de Puvis de Chavanne qui avait déjà présidé à la cérémonie du 23 juin 1894. Un siècle plus tard, c'est l'esprit et l'œuvre du baron Pierre de Coubertin que l'on célébra et son avenir à l'aube du XXIe siècle que l'on évoqua.

Cent ans de Jeux

Été			Hiver		
	Année	Ville		Année	Ville
I	1896	Athènes	I	1924	Chamonix
II	1900	Paris	II	1928	Saint-Moritz
III	1904	St-Louis	III	1932	Lake Placid
IV	1908	Londres	IV	1936	Garmisch-Partenkirchen
V	1912	Stockholm	V	1948	Saint-Moritz
VI	1916*	–	VI	1952	Oslo
VII	1920	Anvers	VII	1956	Cortina d'Ampezzo
VIII	1924	Paris	VIII	1960	Squaw Valley
IX	1928	Amsterdam	IX	1964	Innsbruck
X	1932	Los Angeles	X	1968	Grenoble
XI	1936	Berlin	XI	1972	Sapporo
XII	1940*	–	XII	1976	Innsbruck
XIII	1944*	–	XIII	1980	Lake Placid
XIV	1948	Londres	XIV	1984	Sarajevo
XV	1952	Helsinki	XV	1988	Calgary
XVI	1956	Melbourne	XVI	1992	Albertville
XVII	1960	Rome	XVII	1994	Lillehammer
XVIII	1964	Tokyo	XVIII	1998	Nagano
XIX	1968	Mexico	XIX	2002	Salt Lake City
XX	1972	Munich			
XXI	1976	Montréal			
XXII	1980	Moscou			
XXIII	1984	Los Angeles			
XXIV	1988	Seoul			
XXV	1992	Barcelone			
XXVI	1996	Atlanta			
XXVII	2000	Sydney			

* Les Jeux olympiques de 1916, 1940 et 1944 n'ont pas eu lieu en raison de la guerre. Les olympiades d'été non célébrées ont conservé leur numérotation, mais pas celles des Jeux d'hiver.

Des candidates, une élue

Seule une ville peut être candidate à l'organisation des Jeux olympiques, jamais un pays. La ville doit obtenir l'approbation du Comité national olympique et aujourd'hui, en raison des enjeux économiques, de son gouvernement. Elle devra ensuite remplir un questionnaire établi par le CIO et expliciter les raisons de sa candidature. Le CIO fera une première sélection parmi les postulantes. Puis, au moins six ans avant l'échéance, il fixera son choix sur une ville. Ainsi, en janvier 1997, le CIO fera connaître le « carré » de finalistes des Jeux de 2004 pour lesquels Lille, préférée par le CNOSF à Lyon, est candidate. En septembre 1997, il désignera enfin l'heureuse élue.

Qui paie les Jeux d'Atlanta ?

1. Marchandising.
2. Droits de télévision.
3. Sponsors.
4. Entrées.
5. Autres.

(Source : *Comité d'Atlanta pour les Jeux olympiques.*)

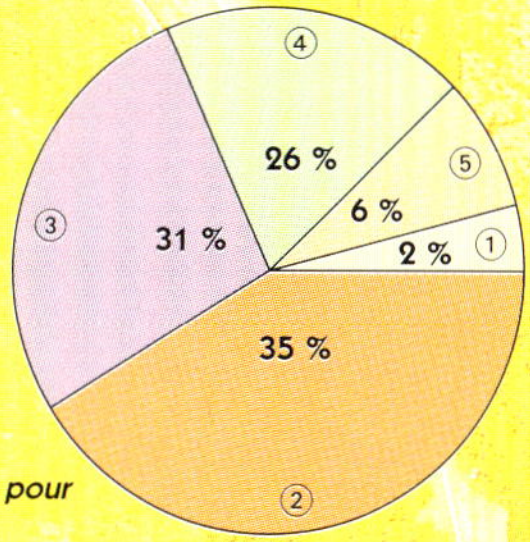

EN SAVOIR PLUS

BIBLIOGRAPHIE

Olivier Barrot et Raymond Pointu, *Dieux et démons du Stade*, Calmann-Lévy, 1988.

Louis Callebat, *Pierre de Coubertin*, Fayard, 1988.

Daniel Costelle, *Histoire des Jeux olympiques*, Larousse, 1980.

Georges Deschiens, *L'Histoire des Jeux olympiques d'hiver*, Jean Vuarnet, 1979.

Jean Dury, *Le Grand Livre du sport*, Nathan.

Petra et Patrice Faillot, *Dictionnaire des sports 1996*, Dicosport / D.P.S., 1996.

Françoise Hache, *Jeux olympiques / La Flamme de l'exploit*, « Découvertes », Gallimard, 1992.

Guy Lagorce et Robert Parienté, *La Fabuleuse Histoire des Jeux olympiques (été-hiver)*, éd. de La Martinière, 1995.

Guy Lagorce et Robert Parienté, *La Fabuleuse Histoire de l'athlétisme*, éd. de La Martinière, 1995.

Bernard Morlino, *Un siècle d'olympisme*, La Manufacture, 1988.

Stefano Pivato, *Les Enjeux du sport*, Casterman, 1994.

Juan Antonio Samaranch, *L'Héritage trahi*, Boix-Espada-Pointu, Romillat, 1994.

Simson-Jennings, *Main basse sur les J.O.*, Flammarion, 1992.

L'Annuaire du Sport 1996, éd. du Rocher.

REVUES SPECIALISÉES

La Lettre du Comité national olympique et sportif français (CNOSF), 1, avenue Pierre-de-Coubertin, 75013 Paris. Tél. : (1) 40 78 28 00.

Olympic Magazine, trimestriel du musée Olympique, 1, quai d'Ouchy, 1001, Lausanne (Suisse). Tél. : (41) 21 621 65 11.

BANDE DESSINÉE

René Goscinny et Albert Uderzo, *Astérix aux Jeux olympiques*, Dargaud, 1968.

CINÉMA

All American, de Michael Curtiz (État-Unis), 1951.

Les Chariots de feu, de Hugh Hudson (Grande-Bretagne), 1981.

L'As des as, de Gérard Oury (France), 1982.

Pierre de Coubertin vivant, cassette-vidéo disponible au musée national du Sport, 24, rue du Commandant-Guilbaud, 75016 Paris.

MUSÉES

Maison du sport français (CNOSF), et stade Charléty, 1, avenue Pierre-de-Coubertin, 75013 Paris. Tél. : (1) 40 78 28 00.

Musée national du Sport, 24, rue du Commandant-Guilbaud, 75016 Paris.

Musée Olympique, 1, quai d'Ouchy 1001, Lausanne (Suisse). Tél. : (41) 21 621 65 11.

Les mots définis dans ce lexique sont signalés par un astérisque dans l'ouvrage.

Air (pénétration dans l'air)
En altitude, l'air raréfié offre une meilleure pénétration des corps dans l'atmosphère pour les efforts de sprint et de sauts et donc une vitesse accrue.

Amateur
Le sportif amateur ne peut tirer aucun avantage financier de la pratique de sa discipline.

Anabolisant
Substance accroissant la masse musculaire et interdite par la Charte antidopage du CIO*.

Biathlon
Combine un parcours de ski de fond* avec une épreuve de tir à la carabine.

Charte olympique
L'organisation et le fonctionnement du Mouvement olympique sont définis et consignés dans la « Charte olympique » qui comprend les règles olympiques et leurs textes d'application ainsi que toutes les instructions nécessaires à l'organisation des J.O.

CIO
Abréviation de Comité international olympique, l'instance suprême, chargée du contrôle et du développement des Jeux olympiques modernes.

Combiné nordique
Discipline masculine qui associe une épreuve de saut à skis* et un parcours en ski de fond* disputé sur une distance de quinze kilomètres.

Concours général
Totalise les places acquises sur les quatre épreuves de la gymnastique : sol, poutre*, barres asymétriques et cheval d'arçons pour les femmes (cinq pour les hommes : sol, anneaux, barres parallèles, barre fixe et cheval d'arçons).

Contrôle inopiné
Récemment institué par les fédérations, ce contrôle antidopage « surprise » s'effectue hors de toute compétition et sans que l'athlète en soit averti.

Cross-country
Épreuve autrefois disputée aux Jeux olympiques sur un parcours naturel de plusieurs kilomètres avec des obstacles, le cross-country ne se court plus aujourd'hui qu'en hiver.

Danse (sur glace)
Discipline introduite aux Jeux de Montréal qui privilégie la grâce et la synchronisation des deux patineurs (les sauts y sont interdits).

Décathlon
Disputé sur deux jours, il comporte dix épreuves : 100 m, 400 m, 1 500 m et 110 m haies ; poids, disque et javelot ; hauteur, longueur et perche. Il sacre donc l'athlète le plus complet du stade.

Demi-fond
En athlétisme, définit toutes les courses disputées du 800 m au 5 000 m (1 000 m, 2 000 m, 1 500 m, mile*, 3 000 m).

Dopage
Fait d'améliorer les capacités physiques avec des moyens artificiels comme la prise d'anabolisants*, de stupéfiants ou encore la transfusion sanguine.

Escrime
Sport d'assaut constitué de trois armes : l'épée, le fleuret et le sabre (réservé aux hommes).

Fartage
Pour que le ski ne glisse pas en arrière pendant les montées, les skieurs de fond utilisent du fart, une cire spéciale appliquée en couche mince sous la spatule du ski.

Fond
Au-delà du demi-fond*, le fond rassemble les épreuves de courses allant du 5 000 m au marathon*, comme le 10 000 m, le semi-marathon ou encore l'épreuve d'une heure.

Gymnase
Dans l'Antiquité, le gymnase, ouvert au public, offrait une formation complète, physique mais aussi intellectuelle. Aujourd'hui, c'est une salle couverte qui sert à la pratique du sport.

Haltérophilie
Comprend deux techniques : l'arraché (la barre est amenée au-dessus de la tête en un seul mouvement) ou l'épaulé-jeté (la barre est amenée d'abord au niveau des épaules).

Heptathlon
Il est constitué de sept épreuves : 200 m, 800 m et 100 m haies, sauts en longueur et en hauteur, poids et javelot.

Hurdler
Terme anglais qui désigne celui qui franchit les haies en athlétisme.

Marathon
Sa distance, qui représente celle entre le village de Marathon et Athènes, est exactement de 42,195 km.

Mile
Autrefois l'une des distances mythiques du demi-fond*, le mile représente la mesure anglo-saxonne de longueur et se court sur 1 609 m.

Mi-lourd
Représente l'une des douze catégories de poids de la boxe

olympique échelonnées depuis les « mi-mouches » (48 kg) aux « super-lourds » (plus de 91 kg). Les « mi-lourds » pèsent plus de 81 kg.

NBA
Abréviation de National Basket-Ball Association qui désigne la ligue professionnelle de basket-ball aux États-Unis.

Olympiade
Originellement l'espace de quatre ans écoulé entre deux Jeux. Le mot « olympiade » désigne aujourd'hui les Jeux eux-mêmes.

Palestre
Chez les Grecs, lieu public en général situé près d'un gymnase. Elle servait à l'entraînement de la lutte.

Patinage de vitesse
Se déroule sur un anneau de glace de 400 m. Les hommes patinent sur 500 m, 1 000 m, 1 500 m, puis 5 000 m et 10 000 m (3 000 m et 5 000 m pour les femmes).

Pentathlon
Sport qui associe cinq disciplines : l'équitation, la course à pied, la natation, l'escrime* et le tir.

Plongeon
Il s'effectue depuis trois types de tremplin : à 1 m de la suface de l'eau, à 3 m ou depuis la plate-forme située à 10 m.

Poutre
Un des quatre agrès de la gymnastique féminine. Elle mesure 10 centimètres de large.

Quadriennaux
Qui reviennent tous les quatre ans. Fidèles à la tradition antique, les Jeux sont quadriennaux.

Record
Performance considérée comme étant la meilleure réalisée jusqu'alors.

Saut à skis
Depuis un tremplin de 70 m ou 90 m, le sauteur effectue deux sauts notés par un juge en fonction de leur longueur et de leur exécution.

Série
Désigne, en athlétisme, le tour de qualification avant les demi-finales et la finale.

Ski alpin
Opposé au ski nordique*, il regroupe aux Jeux plusieurs disciplines : la descente, le Super-G*, le slalom géant, le slalom*, le combiné et le ski de vitesse (ou kilomètre lancé : KL).

Ski de fond
Une des disciplines du ski nordique* qui consiste en des parcours longs de 10 km, 15 km, 30 km ou 50 km. Les femmes courent sur des distances plus courtes.

Ski nordique
Regroupe les disciplines de ski de fond*, de saut à skis* et de combiné nordique*. Le biathlon*, non rattaché à la Fédération internationale de ski, est à part.

Slalom
Descente de ski alpin* avec un passage de portes. Il est de quatre types : le slalom spécial, le slalom géant, le super-G* et le slalom parallèle (non olympique).

Sprint
Désigne en athlétisme les épreuves de vitesse : 60 m (en salle), 100 m, 200 m, relais 4 x 100 m.

Starting-blocks
Terme anglais pour désigner les blocs de départ dans lesquels les coureurs installent les pieds avant d'y prendre appui pour mieux bondir au coup de feu.

Super-G
Désigne le super-géant : il se déroule sur un parcours moitié descente, moitié slalom géant.

Tartan
Revêtement synthétique qui recouvre les pistes d'athlétisme.

Testostérone
Hormone mâle secrétée par l'organisme qui peut être aussi apportée au corps de façon artificielle afin d'accroître la capacité musculaire et les performances. Dopage*, elle est alors interdite.

Voile olympique
Il existe sept séries pour les régates olympiques : le 470, le Soling, le Flying Dutchman, le Star, le Tornado, le Finn et l'Europe pour les femmes. Plus l'épreuve de planche à voile.

Water-polo
Sport collectif pratiqué dans une piscine par deux équipes de sept joueurs et six remplaçants.

Les chiffres en gras renvoient à la définition la plus complète du mot.

Imprimé en France par I.M.E. - 25110 Baume-les-Dames
Dépôt légal n° 0953-03/1996 - Collection n° 86 - Edition n° 01
16/6982/9

Dans la même collection

n° 1 *Les châteaux forts*
n° 2 *L'Égypte des pharaons*
n° 3 *Les Romains*
n° 4 *Les Grecs*
n° 5 *Les Hébreux*
n° 6 *Les Gaulois*
n° 7 *Les instruments de musique*
n° 8 *Les hommes préhistoriques*
n° 9 *Volcans et séismes*
n°10 *Explorations et découvertes*
n°11 *Des planètes aux galaxies*
n°12 *Le cinéma*
n°13 *Histoire des sciences*
n°14 *Histoire des Jeux olympiques*
n°15 *Histoire de la musique*
n°16 *Le théâtre*
n°17 *Corps et Santé*
n°18 *Les grandes mythologies*